日本戰國梟雄錄

東國篇

遠流

目錄

竊取美濃國的賣油郎
齋藤道三

時運不濟六文錢
真田昌幸

白忙一場的出羽之鷹 最上義光

第一位戰國大名 北條早雲

〈推薦序一〉

仰天照大神之垂淚兮，觀梟雄論戰之無盡

欣聞洪維揚君之大作《日本戰國梟雄錄・東國篇》即將出版，對向來是日本戰國迷的我而言，簡直是久旱逢甘霖的無上喜悅!!

自從其【日本戰國風雲錄】三本關於日本戰國歷史的巨著問世後，偶然於大書店中購獲，便一頭栽進去其「日出處天子」的浩瀚史卷洪流之中。將臺灣人所不熟悉的日本戰國歷史，鉅細靡遺的剖開。在重要與複雜的關鍵處，往往會搭配精采圖片與關係圖解，讓讀者在第一時間就能輕易地掌握日本戰國的公家與武家、文臣與武將之間錯縱複雜的血緣歸屬及恩怨情仇的脈絡。

【日本戰國風雲錄】是我多年來關注諸多國內關於研究日本古代歷史書籍中，認為論述最清楚、文筆最具史家風格、最羽扇綸巾的一部好書。

二〇一一年，洪維揚君再度出版日本戰國史大作《日本戰國梟雄錄・西國篇》，有別於前書大陣仗將所有重要武將、歷史大事都交代進去，這回是將度人金針轉向在戰國當中更具個人特色的個人特寫鏡頭。從三好長慶、松永久秀、毛利元就、尼子經久、宇喜多直家到黑田官兵衛，一秉其固有的史學家性格的詳細考訂，又兼具活潑輕鬆的筆調，讓西國這幾位專

擅鬥場的梟雄，在你一打開書本便躍然紙上，宛如墜入當代，在心神上產生與之對弈馳騁的快感。

闊別三年，如此的快感佳作又再度出現在所有讀者眼前，我期待已久的《東國篇》終於問世。有幸搶先拜讀，又讓我再度陷進天照大神垂淚之地的蟲洞之中。看外表青澀稚嫩，卻有沉雄不凡眼神的北條早雲，如何躍身成為戰國第一位大名；看津輕為信為了保守津輕三郡，周旋在豐臣秀吉與德川家康之間的心計；看賣油郎齋藤道三如何完美以下剋上，最後成功竊取整個美濃國的手腕；看真田昌幸如何在沼田城與上田城大戰役中，展現過人的超激精彩軍事布局與勝戰攻略；看出羽之鷹的最上義光如何牽制直江兼續所率領的上杉家大軍，影響東西軍成敗大局，又如何從領地五千石暴衝到五十七萬石，成為大大名之後，一切被打回原點五千石的局面。

綜觀洪維揚君在《東國篇》中對於描繪梟雄制霸之血路，考證論述犀利之筆觸，完全不亞於《西國篇》，全書的精采程度又是更上一層樓的境界，非常值得細細品嘗。

要認識日本民族性格，最首要當從其古人事跡入手，方能一窺日本人內心原貌。從【日本戰國風雲錄】系列、《日本戰國梟雄錄・西國篇》到最新的《日本戰國梟雄錄・東國篇》，且讓洪維揚君的大手筆，帶各位讀者輕鬆穿越時空，享受一場又一場的日本戰國狼煙，與諸國梟雄跨時空連線對戰吧。

陳昭銘

真理大學臺灣文學系助理教授兼

臺灣文學資料展示中心主任

〈推薦序二〉

釋放玩家及觀眾無限的想像力

終於，家弟的《日本戰國梟雄錄・東國篇》在四月中旬完稿付梓，我有幸於第一時間拜讀其醞釀三年之久的日本戰國史續作！這與擔任學術期刊的編輯委員能於第一時間賞析作者創新想法有著異曲同工的暢想神馳（imagination flow）。

身為科學工作者，例來手邊都有許多待審稿件，審查時除了希望這些待審文章作者的創新想法能帶來相關領域的應用，也希望這些作者都能更好地總結前人的貢獻並指出前人未竟之功，從而對科技發展文獻（脈絡史）作出貢獻（contribution to literature），特別是能對自身的貢獻度作一番精練的探討，則更能彰顯文章無可取代的洞見（insight）。可惜大部分的科技論文作者大都缺乏兜售洞見的功力，這其實是缺乏對歷史事件精練而理性敘述與總結的科學訓練。

我對歷史作品本就極感興趣，也經常找時間拜讀一些對歷史事件精練而周延敘述的讀物，以增加自己在凝練科技文章寫作、提出洞見的能力。家弟的一系列日本戰國史科普讀物：【日本戰國風雲錄】及【日本戰國梟雄錄】，恰巧為我的科技論文寫作注入了一個系統範式的新思維。其中除了借鑒其對日本戰國歷史的熟稔、如數家珍，如《東國篇》對津輕為信、齋藤道三、真田昌幸、最上義光及北條早雲等人物進行細緻觀察與流暢介紹的寫法之外，同時也借鑒了其對相對人物賦予相應歷史評說的寫法（即洞見）。這其實是紀傳體兼紀事本末體的綜合，為歷史科普讀物最易引人入勝與從中汲取經驗教訓的一種文學呈現方式，也是當代科技論文寫作的最佳範式，咸令讀者在閱讀後能有更深一層的體悟與應用。

我極力推薦這系列套書（【日本戰國風雲錄】及【日本戰國梟雄錄】）給有興趣的國人及從事科學工作者。國人其實對日本戰國時代並不陌生，除了日趨精緻的【信長之野望】系列電玩遊戲，NHK電視台播出的「時代劇」或是「大河劇」，均讓那些雄霸一方、縱橫捭闔的日本戰國時代人物名字與三國時代人物一般，迴盪在許多年輕遊戲玩家及日劇愛好者的腦際。如何讓這些玩家及觀眾從對人物名字印象轉化為相關應用知識、進一步探索日本戰國大名及其身處時代背景、進而享受奔騰在開疆闢地的暢想神馳中，最終釋放玩家及觀眾無限富於創造的想像力，成為國人對日本史、日本文化認識應用的軟實力，本系列套書不失為一個良方。

洪維強
亞東技術學院資訊管理系教授兼
Neurocomputing 副主編

津輕為信

つがる　ためのぶ・天文十九年～慶長十二年；一五五〇～一六〇七

奇謀秘計一統三郡

【根據地】陸奧赤石城。

【性格特徵】不甘居於人下，以統一津輕三郡、與主君南部氏平起平坐為志向。

【特殊事蹟】為求家族生存，認前關白近衛前久為養父，藉由此一身分與豐臣秀吉成為名義上的「義」兄弟，因而得到秀吉承認領地。

【最大領地】津輕鼻和、平賀、田舍三郡。

【最後結局】在未確立繼承人之前去世。

【家族命運】關原之役後，津輕家以弘前城為居城，成為領有四萬七千石的外樣大名。由於與「鄰居」盛岡藩南部氏交惡，兩藩在江戶時代不僅互不往來，兩藩人民也嚴禁通婚。十八世紀末，因俄國覬覦蝦夷地之故，幕府責成津輕藩與盛岡藩防衛該地，並提升兩藩的石高數，依一八八四年頒布的〈華族令〉津輕家受封為伯爵爵位。

【梟雄度】★★★★☆

起 說不準的家世，藏不住的叛骨

❖橫行螃蟹的兩支尖螯

筆者手上有一本成美堂出版的二〇一一年版日本地圖集，這本綜合地圖集清楚地標出日本都道府縣共四十七個一級行政區轄下的市、郡、町、村和自然地理的山脈、湖泊、溫泉、河流、隘口，以及人造的鐵道、公路、機場、航線、燈塔、神社……。當中吸引筆者目光的，是青森這個日本唯一同時瀕臨日本海和太平洋的縣，它昂然立於日本海和太平洋上的津輕、下北兩個半島猶如橫行螃蟹身上的兩支尖螯，緊緊將陸奧灣夾在其中。

雖同為青森縣兩個面積相去不遠的半島，津輕、下北的農業收成比重卻截然不同。東側靠太平洋的下北半島在明治初年戊辰戰爭結束之後，政府決定嚴懲戰時令官軍陷入苦戰的會津藩，將該藩強徙至下北半島，改藩名為「斗南藩」，名義上雖有三萬石收入，然下北半島屬火山灰地形，不利農耕，實收只有七千石。

西側津輕半島則不然，半島上有一塊沃野千里的津輕平原。這塊半島東臨陸奧灣，西瀕日本海，龍飛崎突出於津輕半島最北側，隔著津輕海峽與北海道松前半島相望。包含東津輕郡轄下的今別町、外濱町、蓬田村，北津輕郡轄下的中泊町、五所川原市以及津輕市，若連日後津輕藩的城下町弘前市也算進去，廣義的津輕半島將近三千五百平方公里，是青森縣三分之一強，農業收成近二十萬石。

豐臣秀吉取得天下後，為鞏固得來不易的江山，將原本在近江附近進行的土地丈量、檢測普及至全國，此即「太閤檢地」。太閤檢地由日後被稱為五奉行的淺野長政、石田三成、增田長盛等人負責，統一當時各自為政、紊亂不已的度量衡，最終達到增加全國耕地面積的目的。

小田原之役前夕臣服秀吉的本文主人公津輕為信，從得知領地津輕三郡即將接受丈量的前一年起，就有計畫的命令領地農民休耕，製造出「津輕大人的領地一窮二白，人民吃不飽」的假象給前來檢地的淺野長政看。最終，長政向秀吉報告津輕一地歲收「只有」四萬五千石，實際上津輕平原的年收穫量說二十萬石恐怕還嫌少。

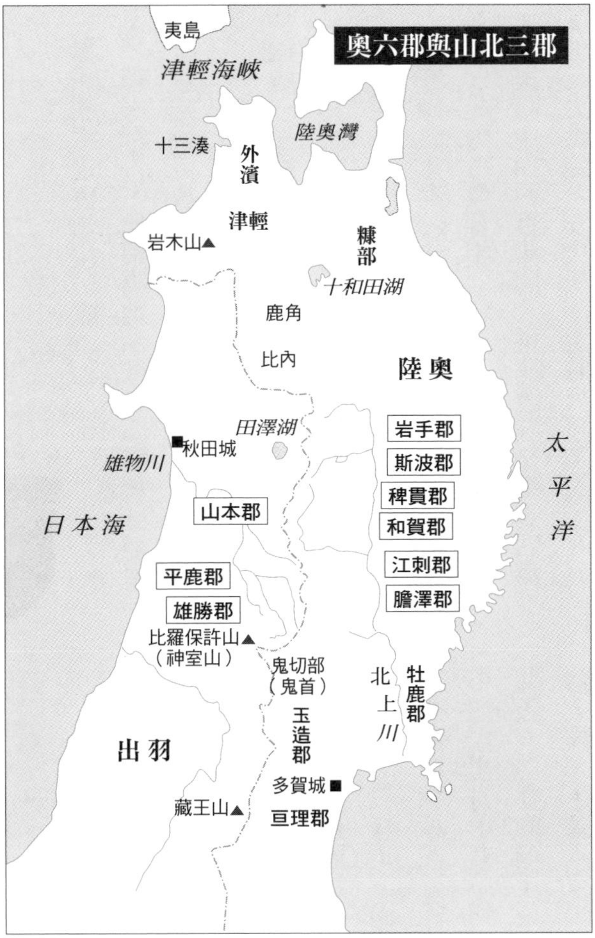

奧六郡與山北三郡

為何津輕為信要對太閤謊稱自己的領地如此貧瘠？且讓筆者帶領讀者了解這位出身草莽、

最後竊取津輕三郡鼻和、平賀、田舍，與主家平起平坐的津輕梟雄津輕為信的生平吧！

津輕梟雄津輕為信畫像

❖津輕氏的前身

源賴朝平定奧州後，除奧州總奉行外，於蝦夷地（今北海道）一地另行設置監視流放到蝦夷的罪犯以及蝦夷族人動態、與蝦夷人貿易的蝦夷管領（也稱為「蝦夷沙汰職」「蝦夷代官」），由據說是安倍氏後裔，以津輕地方的良港十三湊（青森縣五所川原市，現名十三湖）為根據地的安藤氏世襲。大概在鎌倉末期（十四世紀初），安藤氏改為安東氏（兩者發音相同）。

到室町中期約百年間，推測應該是受到四周其他勢力壓迫，安東氏南遷時分裂為二：一為以秋田郡（秋田縣秋田市）出羽湊為根據地的上國安東家，一為以檜山城（秋田縣能代市）為根據地的下國安東家。自分裂伊始，下國家財力和武力明顯都優於上國家。十五世紀初在位的後花園天皇（在位一四二八～六四）甚至還向下國家安東康季下達敕令，請求他出錢重建毀於祝融的羽賀寺（福井縣小濱市），康季當然不會平白出錢，古文書《羽賀寺緣起》記錄安東康季以此為條件向天皇要求准許使用「奧州十三湊日之本將軍安倍（東）康季」之稱號。

儘管有此稱號加持，接受「日之本將軍」號令的領域只有十三湊到檜山城一帶（青森縣五所川原市到秋田縣能代市）。到十六世紀末，下國家出身、有「宛如斗星（北斗七星）在於北天」之稱的羽後最大大名之稱的安東愛季整合上國、下國兩家，於一五八〇年代威震出羽北部。然而，兩家的統整只對出羽北部局部區域生態造成影響，改變不了豐臣秀吉以平民身分成為關白、結束百餘年來割據分裂的戰國時代之事實。

安東愛季晚年以秋田為新姓氏，關原之戰其子實季加入東軍，表現中規中矩，戰後論功行賞理應為內府（德川家康）本領安堵，然則最終被轉封到常陸宍戶（茨城縣笠間市），之後再轉封陸奧三春（福島縣田村郡三春町）。原本十九萬石的領地只剩五萬石，有一說是出羽梟雄最上義光在內府面前咬耳朵之故。

據說安東氏分裂為上國、下國兩家而遷移到出羽北部時，部分族人留在十三湊未跟隨南下，這批人一部分以海為家，是室町時代有名的「安東水軍眾」。有別於流竄到朝鮮半島、中國北方及東南沿海燒殺搶掠的「瀨戶內海水軍眾」（即朝鮮、中國史書上的「倭寇」），安東水軍眾重視海上貿易，以津輕十三湊為據點開拓北通千島、俄羅斯沿海州阿穆爾川（在中國境內稱為黑龍江）、海參崴的航路；往西則在瀨戶內海、九州、朝鮮半島設有類似辦事處機構，貿易圈延伸到東南亞、印度洋。

還有一支安東氏分支留在十三湊，稱為津輕安東氏。津輕安東氏與安東氏的連接似乎僅只於此，津輕安東氏據說是後來的津輕氏，但是說服力似乎不充分。另有一說為津輕氏始祖乃奧州藤原氏第二代基衡次子秀榮（秀衡之弟）之後，這種說法並不能說明與南部氏、大浦氏的關係，因而難以接受。

❖大浦彌四郎為信

比較可信的說法是津輕氏前身為大浦氏，而大浦氏據說是南部氏分支，南部氏本身是河內源氏義光流的分支（義光流嫡系為佐竹氏，武田、小笠原、三好、南部等氏為其旁系）。

津輕氏系譜

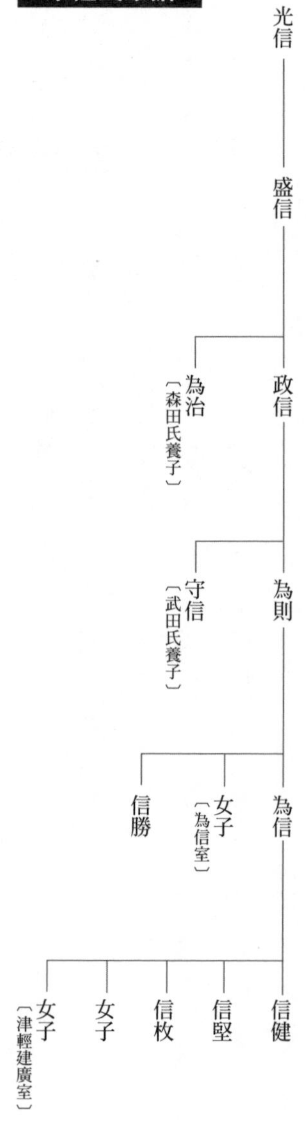

津輕為信雖在一五九〇年之前以「大浦彌四郎為信」為名，但大浦家只是以婿養子身分入贅的妻家，並非生家；另有一說為彌四郎生家是南部氏另一分支久慈氏，【信長之野望】系列「蒼天錄」採用這種說法，可見這或許不完全正確，卻並非毫無依據。從上述看來，彌四郎為信出自南部氏旁系（大浦氏或久慈氏）的可能性應高過安東氏和奧州藤原氏。

依照成書於寛永年間（一六二四～四五）官方（江戶幕府）編纂的大名、旗本諸士系譜集《寛永諸家系図伝》記載，津輕氏為藤原北家嫡系近衛氏的分支。有些大名、旗本出身草莽，並無足以吹噓的家世，以他們高超的處世之道歷經腥風血雨的戰國時代，到新政權江戶時代搖身變為地方統治者，自然嚮往追求更高層次的生活，遂在來歷不明的系譜中「加料」讓自家系譜更有光采，因此才有一系列「金碧輝煌」的系譜問世。

津輕氏為五攝家筆頭近衛家養子是不爭的事實，但是這種關係始於為信在小田原之役前夕認近衛前久為養父，而非《寛永諸家系図伝》或稍後的《津輕家文書》所載在為信之前已有近衛家血緣。

❖入贅大浦，背叛主家

一五五〇年彌四郎為信生於陸奥赤石城（青森縣西津輕郡鰺ヶ沢町），早年生涯完全不清楚，包括生父母、兄弟、家境以及交友狀況付諸闕如，只知一五六七年左右彌四郎入贅大浦家成為婿養子，岳父大浦為則同年逝世，因此彌四郎很快就成為家督。如果彌四郎出自久慈氏之說可以成立，不到廿歲的彌四郎為信等於擁有大浦、久慈兩家南部氏分支的勢力，在南部氏家臣中應該有數一數二的分量。

觀日後彌四郎針對南部氏種種行為，反叛的意念或許在成為大浦氏家督那一刻便已萌生，未經努力便取得大浦氏家督，如果努力經營是否連南部家督也手到擒來？彌四郎為信在一五六七年可能已有如此想法，往後二十年是他落實叛意的具體行動，最終與主家南部氏並存於津輕平原，同樣在江戶城拜謁將軍的伺候席大廣間佔有一席之地。

一五七一年五月五日，大浦為信以實際行動背叛主家南部氏，採奇襲戰術於一日內攻下津輕鼻和郡大佛鼻城（又名石川城，青森縣弘前市）以及和德城（青森縣弘前市），受到奇襲的大佛鼻城城主石川高信（卒年津輕方面與南部方面記載截然不同，筆者比較兩造記錄採用可信度較高的津輕記載）引咎自盡，鼻和郡盡為彌四郎為信所有，這一年他才廿二歲。

有了奇襲大佛鼻城成功的經驗，彌四郎益發充滿自信，於一五七五年正月趁著新年期間想依樣畫葫蘆奇襲平賀郡主城大光寺城（青森縣平川市），然而因為驕矜輕敵踢到鐵板，城主瀧本重行（歷代【信長】都沒有收錄這位武將）重創彌四郎及其底下無業遊民組成的雜牌軍，彌四郎差點死在這次戰役。心有不甘的彌四郎同年再次發動攻勢，由於南部家內鬨，孤立無援的大光寺城最終被彌四郎軍攻克，平賀郡也幾乎全入彌四郎之手，津輕三郡如今只剩田舍郡。

從起兵到攻下大光寺城為止，四年來彌四郎均以「南部氏奪走歷來為安東氏根據地的十三湊，起兵並非背叛，只是要回祖先的土地」「反抗南部的苛政，解救津輕百姓免於酷稅和強行徵調苦役」為口號，激起領地內民眾對南部氏的反感為號召，在民心可用的士氣下收到攻下鼻和、平賀兩郡戰果。

可是同樣口號對用兵田舍郡便說不通，因為田舍郡最大勢力浪岡氏既不隸屬南部，和南部氏也毫無血緣關係。浪岡氏為北畠氏分支，出自村上源氏，與武家正統清和源氏（源義家、賴朝等具有擔任征夷大將軍資格的河內源氏為其分支）差別在於：村上源氏往公家發展，是公家社會中家世最高的源氏。北畠氏以及幕末有名的公卿久我家（村上源氏嫡系）、岩倉家、東久世家俱為村上源氏後裔。《西國篇》中提到的「婆娑羅大名」佐佐木道譽，則是村上源氏中罕見的武家。

說到北畠氏，【信長之野望】系列的玩家想必很清楚，信長尚未上洛時，電腦控制的信長一旦對外擴張，十之八九朝西南邊的伊勢，這股通常在數年內便從螢幕上消失的勢力就是北畠氏，浪岡北畠氏則為伊勢北畠氏分支。

❖源遠流長北畠氏

話說鎌倉時代末期一三一八年，「大覺寺統」出身的帥宮（擔任太宰帥的親王）尊治親王做了十年皇太子後，終於等到「持明院統」的花園天皇讓位，尊治親王即位後隨即宣布日後自己諡號必須是「後醍醐天皇」。《梅松論》曾提到天皇此時的決心：「現在的慣例以往也曾是新儀，朕的新儀將會是後代的先例。」

到後醍醐天皇為止，皇位大抵按照**兩統迭立**的規則輪替。後醍醐天皇於一三一八年繼位（第九十六代），年限到期時拒絕讓位，一三三一年「元弘之亂」，幕府廢掉後醍醐，改立持明院統的光嚴天皇。幾年後幕府衰亡，復辟的後醍醐廢除兩統迭立，皇位改由大覺寺統繼承。然而建武中興不過三年便失敗，日本甚至因而分裂為南北朝。

為實現自己在皇太子時期憧憬的治世，尊治親王親政後大力拔擢認同他天皇親政的公卿，最受重用的是有「後三房」之稱北畠親房、萬里小路宣房、吉田定房三人。以「治天之君」

兩統迭立（りょうとうてつりつ）

鎌倉時代初期天皇家世系分裂為兩統，由兩統交互繼任天皇的狀態。肇始於第八十八代後嵯峨天皇讓位第三皇子久仁親王（後深草天皇），實行院政。後深草天皇幼年即位，上皇立後深草皇弟恒仁親王為皇太子。後深草天皇在位十三年讓位恒仁親王，是為龜山天皇（第九十代）。後深草讓位後生下皇子熙仁親王，於是要求龜山比照前例日後讓位熙仁親王，然而龜山天皇於一二七四年傳位給自己的皇子世仁親王，是為後宇多天皇（第九十一代）。

不滿的後深草上皇一狀告到幕府，幕府為平息紛爭出手調解，規定後深草天皇及龜山天皇的子孫都有繼承天皇的資格，後深草天皇系稱為「持明院統」，龜山天皇系則稱為「大覺寺統」。規定每一方在位年限十年，在位期間立另一統為皇太子，十年到期後讓位給對方，自己成為治天之君。

（原為對以院政型態掌權的上皇或法皇之尊稱，但後醍醐天皇強調親政，「治天之君」成為對以親政為目標的天皇之尊稱）自許的後醍醐天皇，儘管歷經兩次失敗的倒幕計畫（一三二四年「正中之變」和一三三一年「元弘之亂」），天皇本人甚至遭強行廢黜（元弘之亂當年後醍醐天皇被廢，改立光嚴天皇，是北朝首位天皇，請讀者記住這位天皇，日後他以另一身分對室町幕府的成立有著關鍵作用），並流放隱岐。

提倡天皇親政造成南北分裂的後醍醐天皇

兩年後，因財政處置失當在政治上又獨裁專制的北條氏，終於失去民心、失去各地御家人的支持，伯耆豪族名和長年冒險入隱岐解救天皇逃出孤島返回伯耆船上山（鳥取縣東伯郡琴浦町），以此為臨時行宮號召各地豪族討幕。前後不到十年，當初兩次密謀討幕失敗，如今風水輪流轉，各地豪族紛紛響應，身受幕府執權北條高時賜「高」字（「一字拜領」）的北條家女婿足利高氏，亦在家臣高師直等人的勸說下掀起反旗。最後由與足利高氏同為河內源氏庶出的新田義貞攻下鎌倉，終結北條氏及幕府的統治。

❖武將功高難敵公卿咬耳朵

幕府滅亡後，天皇論功行賞，認為「大義滅親」、撥亂反正的足利高氏是倒幕關鍵人物，除了給予高氏勳功第一的賞賜，還有自古以來武士從未得過的待遇——後醍醐天皇將名諱「尊」字賜予高氏，高氏因而改名尊氏。

另外，倒幕過程中幾位發揮關鍵作用的武將也予以賞賜，其中楠木正成、名和長年、結城親光、千種忠顯四人合稱「**三木一草**」。然而，尊氏也好，三木一草也罷，對天皇開始進行的「建武新政」並無置喙餘地，可以在天皇面前咬耳朵的，只有阿野廉子和北畠親房等公卿。阿野廉子是天皇流放隱岐時唯一隨侍在旁的妃子，又為天皇生下恆良、成良、義良三位親王，建武新政後得到「準三后」（也叫「準三宮」），給予等同太皇太后、皇太后、皇后待遇的皇族、貴族）頭銜取得院號宣下，稱為新

三木一草（さんぼくいっそう）

指後醍醐天皇建武新政底下，楠木正成、名和長年、結城親光、千種忠顯四人合稱。楠木的「木」、名和長年官職伯耆守的「耆」、以及結城親光的「城」，日文都讀做「キ」，漢字寫為「木」；千種忠顯的「種」，日文讀為「クサ」，漢字寫成「草」。「三木一草」最早見於《太平記》第十七卷：「此時天下將結城、伯耆、楠木、千種頭中將稱為『三木一草』，是以身受朝恩而自豪的人……」

待賢門院，又稱為三位局，等同皇后的待遇。

建武新政伊始，後醍醐天皇接納北畠親房「穩定各地局勢，避免武家政治復活」的建議，將眾多皇子派往各地，還由天皇及親房挑選出能力卓越的公卿或值得信任的武將隨行：成良親王，足利直義隨行，關東鎌倉。義良親王（後村上天皇），北畠顯家隨行，奧州多賀城。懷良親王（為明太祖朱元璋誤認「日本國王」，要他取締倭寇），征西大將軍五條賴元隨行，九州。恆良、尊良親王，新田義貞隨行，越前金崎城（福井縣敦賀市）。

鎌倉幕府滅亡後，後醍醐天皇從伯耆國還京

其中北畠顯家為親房長子，當時不過十六

歲，卻是堂堂正三位參議兼陸奧守（後來還兼任鎮守府將軍），他即是浪岡北畠氏之祖。

建武新政強調天皇親政，凡是阻礙天皇親政的官職，諸如攝政・關白一概廢除，至於武家最高官職征夷大將軍則賜予第一皇子大塔宮護良親王。對天皇舉動最感不滿就屬勳功第一的足利尊氏，以就任征夷大將軍為夙來心願的尊氏認為自己有必要結交朝廷內能左右天皇決策的人物，才能改變現況的不利，尊氏看中讓天皇自覺虧欠而給予準三后待遇的新待賢門院阿野廉子。仔細觀察當時的政治局勢，不難發現尊氏和阿野廉子有合作的理由。

任誰看來，當上將軍的後醍醐天皇第一皇子大塔宮，幾乎篤定成為下任天皇人選。但是對等同皇后的阿野廉子而言，當然希望下任天皇由她和後醍醐天皇生下的恆良、成良、義良三位親王之一繼任，成為礙眼存在的大塔宮必須除去。正是這一共通點，讓兩人結為政治上的盟友。

❖足利尊氏倒打天皇一耙

大塔宮早年的歷練培育出非凡眼光，他早看出尊氏遲早會成為建武新政的破壞者，但又不能貿然除去尊氏，因此建議天皇「軟禁」尊氏於京都。可是在阿野廉子和尊氏內外夾擊下，大塔宮不得不改變初衷，提前舉兵，於是大塔宮被解除將軍職務，這個舉動滿足了尊氏，卻滿足不了阿野廉子。一三三四年末，天皇派遣「三木一草」的名和長年、結城親光討伐大塔宮，將其押解至鎌倉交由尊氏之弟直義看管。

足利尊氏家紋

一三三五年七月，關東發生亂事。已故幕府執權北條高時之子時行為信濃豪族諏訪賴重擁立，率軍進逼鎌倉（中先代之亂），鎌倉守將足利直義連忙向兄長求救。對尊氏而言，這個消息不啻是改變被軟禁現狀的最佳轉機，於是上奏天皇，希望能任命自己為征夷大將軍，志在親政的天皇自然不會照辦，同時也禁止他率軍離開京都。苦等援軍不到的足利直義只得下令撤退，更下令殺害幽禁在東光寺（神奈川縣鎌倉市）的大塔宮護良親王，親王年僅廿八歲便壯志未酬結束性命，時為一三三五年七月廿三日。

鎌倉陷落後，尊氏再也坐不住，他決定抗旨東下鎌倉，天皇與尊氏的蜜月期到此破裂。一路上投靠尊氏的勢力不斷增加，八月十九日，北條氏餘黨遭到殲滅。

中先代之亂平定後天皇屢次要尊氏回京，尊氏拒絕，公、武對立已沒有修復的可能。天皇任命同為河內源氏庶流的新田義貞討伐尊氏，十二月十一日，在三河擊敗直義的義貞直逼鎌倉，尊氏決定在箱根一帶迎戰，尊氏親上戰線有助士氣的凝聚，反覆無常的「婆娑羅大名」佐佐木道譽見狀直接倒戈，如虎添翼的尊氏擊退義貞（箱根・竹之下之戰），「三木一草」之一的結城親光被縛，翌年一月處決。

❖北畠攻入京都，足利退往九州

獲勝的尊氏趁勢西上京都。消息一傳開來，朝廷人心惶惶，天皇下令各地武士「勤王」，北畠顯家接到箱根・竹之下之役敗戰消息後，於同月廿二日帶著年僅八歲的義良親王領軍出多賀城，一路狂奔直指京都。根據《太平記》記載，翌年一月六日抵達遠江，以平均一日將近四十公里的速度急行軍六百公里，不論行軍總距離或是平均速度，均遠勝秀吉的「中國大折返」，之後繼續以同樣速度於十三日來到琵琶湖東岸。尊氏已搶先在顯家之前進京，顯家決定先讓疲憊的部隊休息，再會合其他勤王軍一起進攻尊氏，由於京都無險可守，顯家估計尊氏不會在這裡進行決戰。

一月廿七日，顯家集結義貞、正成的軍隊一舉攻入京都，隨後主動率軍迎擊蜷伏於丹波、攝津一帶的尊氏。二月十日，雙方於攝津豐島河原（大阪府箕面市、池田市）進行決戰，據《太平記》所載，顯家軍約有十萬，尊氏軍約二十萬，其他如《梅松論》《難太平記》所載兵力也大同小異，實際上應該沒有這麼多，只是強調該役的關鍵性。雙方激戰一晝夜，兵力明顯多過顯家聯軍的尊氏潰敗，從播磨室津港（兵庫縣龍野市）撤退至九州。

天皇大喜過望，封公卿出身的顯家為權中納言、鎮守府大將軍、檢非違使別當兼任右衛門督，顯然整個朝廷都視顯家為唯一能與尊氏抗衡的對象；相對的只給義貞正四位下左近衛中將兼任播磨守，很明顯表現出朝廷對武將的不信任。

北畠氏家紋

尊氏在九州大受歡迎，日後被封為筑前、豐前、肥後、對馬四國守護的少貳賴尚親自到長門赤間關（山口縣下關市）迎接尊氏，九州豪族也多半表態示好。另一方面，效忠天皇的豪族勢力在尊氏來到九州後也開始集結兵力準備進攻。

一三三六年三月二日，尊氏前往瀕臨玄界灘的宗像大社（福岡縣宗像市，日本古代航行海上的守護神，猶如臺灣的媽祖）祈願武運昌隆，反尊氏勢力趁尊氏參拜不便率領過多兵力大舉來襲，雙方在今福岡市東區名為多多良濱之地布陣作戰。面對兵力數倍於己的敵方，尊氏毫無懼色，一日內便擊潰效忠天皇的豪族勢力。消息傳出，九州觀望的勢力紛紛獻上人質表示效忠。

❖尊氏變身上皇使者重新上洛

不過兩個月的時間，尊氏率領更多兵力重新上洛，四月三日從博多港出發沿山陽道行進。五月五日，尊氏大軍在備後鞆之浦（廣島縣福山市沼隈半島）接受因建武新政而被迫讓位的光嚴上皇下達討伐新田義貞的「院宣」（天皇讓位後以「院」身分下達之命令，平安時代末期，其效力甚至超過天皇的「敕令」或「綸旨」），尊氏瞬時變身「上皇的使者」，山陰、山陽、四國舉棋不定的豪族紛紛靠攏，心滿意足的尊氏重整軍勢後朝京都疾馳而去。

朝廷此時也慌了，北畠顯家擊潰尊氏後又簇擁著義良親王返回多賀城，此刻再要他前來緩不濟急。此時天皇身邊擁有最多兵力的，是與胞弟脇屋義助正奉天皇之命深入播磨包圍赤松圓心白旗城（兵庫縣赤穗郡上郡町）的新田義貞，天皇除令其撤退外，也下令楠木正成前往接應。

正成在天皇召見時曾提出天皇退守叡山，銷毀糧食，斷絕淀川水源，讓尊氏大軍占領沒有水源和糧食的空城，待其體力和士氣瓦解殆盡時，再從四面八方進攻，必可將其消滅。此一策略雖不光彩，但不失為敵眾我寡的劣勢下有效的殲敵良策，不過為不懂戰略的公卿們訕笑，甚至因此左右天皇的「叡慮」（指天皇的思考），最後天皇否決正成的策略。

目睹建武新政的腐敗，目睹公卿的無能和排擠忠良，對這政權再無留戀之意的正成決心死諫，向天皇陳述：

元弘（一三三一～三四）初，臣受敕令，守金剛山城時，依臣一己之計，招河內之兵，依此奏功，實則人人皆己身獻君之故也；然而此次臣蒙敕任為河內、和泉兩國守護，招兵時雖親戚一族猶有不易，至於一般士民，應者更少，此天下背君之證也。由之，臣雖生亦無意也，臣當先戰死以報陛下。

於是和胞弟正季、十一歲的長子正行來到京都西邊天王山下位在西國街道上的櫻井驛（大阪府三島郡島本町），決心赴死的正成與正行訣別，同正季以不到一千二兵力踏上有去無回之路，此即有名的「櫻井訣別」（桜井の別れ）。

大楠公楠木正成畫像

不知為何，正成與新田義貞的部隊錯身而過，孤軍遇上數量超過二十倍的敵軍，五月廿五日，雙方於湊川（兵庫縣神戶市中央區、兵庫區）進行決戰。正成軍奮戰超過六小時，最後體力消耗殆盡，正季留下「吾即便投胎七世（前三世、今生以及後三世）也要立誓征討朝敵（尊氏）」的遺言後，與兄長正成互刺而死，享年四十餘歲（在《太平記》誓言「七生報國」的是正季，正成只想過一般農民生活，明治以後有所扭曲，立誓「七生報國」變成正成）。

湊川之戰是日本史上極令人動容的一刻，足利尊氏也不忍將楠木兄弟首級做為戰利品般展示，清洗乾淨後遣人送還故里河內國石川郡赤坂村（大阪府南河內郡千早赤坂村），如今安置於大阪府河內長野市的觀心寺。

❖「嗚呼忠臣楠子之墓」

《太平記》評述正成「在勇氣無雙之上，智謀第一」「像正成者，迄今所無」；《梅松論》則描寫為「深謀遠慮的武士」「賢才武略的武士」。正成的評價透過這兩本史籍成為定論。一六九二年（元祿五年），水戶藩二代藩主、素有「水戶黃門」之稱的德川光圀，研讀楠木正成的事蹟後，久久不能自已，認為楠木的精神與他編纂《大日本史》不謀而合，感動之餘來到湊川楠木陣亡處立碑，親手題上「嗚呼忠臣楠子之墓」。

明治維新後，為確立以天皇為中心的絕對主義體制，凡是擁戴天皇的歷史人物無不得道升天，楠木正成也因而沾光與新田義貞、北畠親房被追贈為正一位。明治政府特別鍾情楠木正成，尊稱他為「大楠公」，與正成在「櫻井訣別」的長子正行則尊為「小楠公」——他在父親捐軀後十二年於河內四條畷（大阪府四條畷市）與兵力同樣超過二十倍的敵軍作戰力竭而死。現在東京皇居外苑有正成騎馬英姿的銅像，意義不言自明：希望每個大日本帝國的臣民都能具備正成的精神捍衛皇室。

楠木正成家紋

正季的遺言後來被簡化為「七生報國」，成為二戰末期大日本帝國失去海空優勢後鼓舞大批懵懂無知的青年投入戰場的口號，像神風特攻隊的成員都在額頭上綁著寫有「七生報國」的頭巾，開著奇爛無比的教練機盲目衝撞美軍船艦，國力的差距不是在精神上喊喊口號就能有所改變，過度強調大楠公的精神只是驅使更多無辜年輕人白白送死。

正成捐驅陣亡的消息傳來，天皇後悔莫及，五月廿七日，自行進入比叡山。六月十四日，尊氏進入闊別近一年的京都，由於京都形勢不穩，暫時入駐昔時羅城門附近的教王護國寺（也叫東寺）。進入京都的尊氏無視後醍醐天皇將年號改為「延元」的事實，堅持使用「建武」，因為建武符合尊氏「建立武家政權」理念而予以保留，這是日本分裂的開端。

❖一天兩帝，南北京

避居比叡山的天皇心有不甘，號召各地勤王將領試圖反攻，可是沒有太多人響應，六月，「三木一草」的千種忠顯、名和長年率領少數部隊先後在京都攻防戰中陣亡。如今天皇身邊可倚賴的武將只剩北畠顯家和新田義貞，顯家遠在多賀城鞭長莫及，一時間無法率軍勤王，可用之將只有義貞。

八月十五日尊氏擁光嚴上皇推薦同母弟豐仁親王（兩人皆為持明院統後伏見天皇之皇子）即位為光明天皇（北朝第二代天皇）。十月十日，尊氏派出大批部隊到比叡山上迎接後醍醐天皇回京與其議和，風光迎接的背後，暗藏以天皇退位做為議和條件的殘酷事實。退位，表示要交出象徵天皇正統性的三大神器八咫鏡、八坂瓊曲玉、草薙劍。眼見尊氏逼自己退位後制定〈建武式目〉（「式目」指武家遵守的法條，這是幕府成立的前兆，〈建武式目〉共十七條，參考鎌倉時代的〈御成敗式目〉，是戰國時代分國法的重要依據），武家政權遂於該年十一月恢復，後醍醐天皇決定與之抗爭。

該年十二月後醍醐天皇逃出京都，來到大和吉野（奈良縣吉野郡吉野町）延續天皇任期，從此日本同時存在兩位天皇，日本史上雖有前例（平安時代末期因木曾義仲上洛，平家撤出京都時順便帶走有平家血緣的安德天皇。基於國家不能一日無主，後白河法皇立安德天皇異母兄尊成親王即位，是為後鳥羽天皇，兩天皇同時存在約一年八個月），但同時存在吉野、京都兩個朝廷，各自使用不同年號卻是日本史上頭一遭，兩朝廷並立長達五十七年（一三三六～九二）。

後醍醐天皇在吉野重祚（重新登位）後，隨即對外聲明：「讓渡給光明天皇的神器是假的」，言下之意真的神器還在自己手上，所以吉野朝廷才是正統所在。失去軍事優勢後，強調帝位正統性成為後醍醐天皇唯一能對抗京都朝廷的「武器」。當時奈良興福寺大乘院門主（興福寺屬法相宗，門主指可擔任佛寺住持資格的人）在日記記下這日本史上不曾有過的政局，稱為「一天兩帝，南北京」。

❖三木一草全數陣亡

一三三六年對後醍醐天皇而言是犯沖犯煞的一年，「三木一草」都在這年戰死陣亡，南朝將領如今只剩奧州多賀城的鎮守府將軍北畠顯家和越前金崎城的左近衛中將新田義貞。尊氏決定先剷除義貞再全力對抗顯家。一三三七年，北朝為建武四年，南朝為延元二年，尊氏派家臣高師泰、斯波高經（斯波武衛家之祖）攻打金崎城，耗時兩個多月於三月六日攻下，恆良親王被捕，送往京都後離奇死去，尊良親王與義貞長子義顯自盡。義貞與其弟脇屋義助雖僥倖生存卻已大傷元氣。

八月十一日，擊退侵擾多賀城的留守氏後，顯家再度帶領義良親王和伊達、結城等奧州軍上洛勤王，尊氏又再次面臨前所未有的恐懼。此次顯家不像上次急行軍直指京都，而是進攻對尊氏、對武家有極大意義的鎌倉。由於尊氏負有保護光嚴上皇、光明天皇等北朝朝廷的重責，不得不抽出大量兵力護衛京都，鎌倉只由尊氏長子千壽王、斯波家長（前述的高經長子，奧州斯波氏之祖）以及尊氏生母親戚上杉憲顯（初代關東管領，山內上杉家之祖）戍守。這樣的防備不足以抵擋顯家，該年十二月底鎌倉終於失守。

攻下鎌倉對顯家而言只是起點，一三三八年一月初，顯家整頓軍勢後繼續朝京都勤王。沿東海道推進的顯家，一路上幾乎沒有歸附的地方豪族勢力，南朝聲望可想而知。於一月廿日來到美濃青野原（岐阜縣大垣市，也是二百六十二年後關原的主戰場），顯家首當其衝的北朝勢力是美濃守護土岐賴遠（之後的〈齋藤道三〉篇會進一步介紹這個人）。

據《太平記》所載，此時顯家軍隊共有五十萬，只率領一千騎的土岐賴遠毫無懼色衝向顯家，雖然最後失敗，卻使北朝將領大受激勵，高師冬、高師兼、上杉憲顯、上杉憲藤（憲顯之弟，犬懸上杉家之祖）、桃井直長、今川範國（駿河今川氏之祖，《難太平記》作者今川了俊之父）、吉良滿義、小笠原貞宗輪番向顯家掠陣（可見顯家兵力一定不及《太平記》的記載）。

❖南朝希望北畠顯家戰死

這場為期十日（一三三八年一月廿日～廿九日）的青野原之戰（北朝軍力至少八萬，南朝應該不超過五萬）顯家雖勝，可是理應前往北陸與新田義貞會合的他，卻朝西南方往伊勢而去。原因眾說紛紜，《太平記》認為顯家對武家出身的新田義貞抱持不信任，深恐義貞會成為另一個尊氏；另有一說是為了讓伊勢成為北畠家的領地，對照日後的事實做為佐證，於理似乎可通，這不過是符合北畠家在伊勢而拼湊出的「事實」。

筆者比較同意顯家是出於戰略上的「迂迴」不得不放棄與新田義貞的會師，取道伊勢、伊賀、大和，然後北攻京都。前文提及新田義貞撤往杣山城時兵力所剩無幾，顯家即便與之會師對戰力也無濟於事。更重要的是，前往越前必須借道近江，近江是京都東方的門戶，在美濃失敗的北朝必然在這裡佈下重兵，往這方面想，不難理解顯家進軍伊勢的原因。

從前一年八月出兵，歷經關東、美濃等戰役，顯家的軍隊自奧州打到畿內，早已疲憊至極，此後顯家轉戰大和、河內、和泉等地，勝少敗多，不敗神話逐漸失去光環，處在南朝無將可用的情形下，顯家也只能無奈接受非戰之罪的事實。

五月十五日，顯家向後醍醐天皇上奏對建武新政的七條批評奏文，七日後的五月廿二日，顯家當初率領約五萬奧州軍，被北朝將領高師直、細川顯氏追擊而沖散，顯家率領二百孤軍於和泉的堺浦、石津（大阪府堺市）一帶力竭戰死（石津之戰），年僅廿一歲（一三一八～三八）。

同年閏七月二日，新田義貞在越前藤島燈明寺畷（福井縣福井市）與斯波高經作戰時為流矢射中眉心，墜馬而死，享年三十八歲。「三木一草」、北畠顯家、新田義貞在建武新政五年內先後戰死，南朝已無對抗北朝的將領。八月十一日，由尊氏扶立的光明天皇投桃報李正式任命尊氏為征夷大將軍，此刻尊氏終於完成祖先八幡太郎義家、祖父足利家時的悲願！

轉 抱到豐臣秀吉的大腿

❖顯村的苛政，為信的良機

北畠親房的長子顯家陣亡之後，其子顯成（另有一說顯成是親房次子顯信之子）雖繼承奧州多賀城的領地，但隨著南朝戰事吃緊，逐漸往北移動，最終來到父親昔日袍澤南部氏的領地。一三九二年南北朝完成統一，南部氏歸順幕府，成為其守護大名，在名義上不便公然袒護顯成，於是將今日青森市西部浪岡城及其附近一帶領地送給顯成，定居後的顯成改姓氏為浪岡，此後子孫稱為「浪岡御所」，一門眾則稱為「川原御所」。「御所」原本指天皇或地位崇高的貴人之住所，如上皇居所稱為「仙洞御所」；室町時代中期以後足利一族散居各地，其居所以御所稱之（人則以公方稱之）。後來也用來指貴人或做為其稱號，如大御所，原本是對隱居的親王之尊稱，「退位的將軍」這一廣為人知的含意形成於江戶時代。

整個室町時代，浪岡氏的領地大致上不超出田舍郡，前後共傳九代。大抵說來，前五代以「顯」字，後三代以「具」字做為家族通字，最後一代浪岡顯村又恢復「顯」字。

浪岡氏領地過小，難有作為，第六代具永曾運用各種管道上洛，和朝廷交涉取得從四位下左近衛中將，在混亂無比的享祿・天文年間（一五二八～五五），與朝廷有著「天涯海角」距離的小豪族能夠取得從四位下接近「堂上公卿」的官位，浪岡具永想必在廟堂上灑下不少銀彈吧！

具永於一五五五年死後被拖垮的財政立即出現危機，具永之子具統早死，第八代繼承人由具統之子具運繼位，引起具永庶子具信的不滿。一五六二年，具信發動「川原御所之變」殺害具運，竊取浪岡氏家督，隨即又為具運之弟顯範殺害，顯範立具運八歲的長子顯村為第九代浪岡家督。顯村成年後沾染上京都公卿享樂頹廢的作風，加重賦稅到「農民就像胡麻一樣，愈榨油就愈多」的程度。

❖彌四郎無血入城

顯村的苛政為彌四郎入侵帶來絕佳理由，更得到田舍郡民眾一致翹首企盼。一五七八年七月廿日，彌四郎攻下大光寺城後歷經三年，得到浪岡居民裡應外合的保證之後，身著黑色鎧甲，手持「不制於天地人」的軍配團扇，昂然挺著六尺身軀，率領手下森岡金吾、兼平綱則（【信長之野望】系列有收錄這位武將，讀者不妨找找看）帶著數百農民雜牌軍的大浦彌四郎為信，浩浩蕩蕩闖進浪岡城。

浪岡城位於浪岡川（南）與正平津川（北）之間，東西約一千兩百米，南北約六百米，由東至西築有新館、東館、猿樂館、無名館、北館、內館、西館、檢校館這八館，北館北邊築有一道外郭以防敵人從狹窄的正平津川涉水而入。浪岡城完成於第四代顯義之手，時間約為十五世紀後半應仁之亂前後，在城廓建造技術尚處幼稚階段，本州北境邊遠之地能有規模如此宏大的城郭，如果不是有內應，彌四郎就算擁有再多兵力恐怕也不敢貿然進攻。

浪岡城的城門被民眾自內打開，彌四郎在民眾的歡迎下迅速進城，不僅如此，這些民眾還幫忙彌四郎進攻浪岡軍隊。當天彌四郎便攻下浪岡城，同時還俘獲浪岡御所顯村，彌四郎雖宣稱不會殺害浪岡顯村，顯村卻為彌四郎家臣脅迫切腹，得年廿二歲。

浪岡氏滅亡後，田舍郡還剩油川城（青森縣青森市）的奧瀨氏和田舍館城（青森縣南津輕郡田舍館村）的千德氏等勢力不在為信的版圖內，遲至一五八五年五月也先後為彌四郎平定。據《津輕一統誌》記載，彌四郎為信只花十四年時間便統一津輕三郡，成為津輕半島新勢力。

為顯示獨立的決心，大浦彌四郎為信捨棄大浦，換上津輕這一與南部毫無瓜葛的新姓氏，嚴重威脅以河內源氏旁系自居的南部氏！

❖不姓大浦改姓津輕

南部氏方面的史書《南部根元記》《三翁昔語》記載，大佛鼻城城主石川高信（第廿三代南部氏家督安信之弟）於一五八一年病逝，原本為大佛鼻城家臣的大浦彌四郎開始顯露獨立的野心，假借各種理由消滅繼任城主石川政信（高信次子）的其他家臣，藉此架空城主的權力。到一五八八年石川政信暴斃，彌四郎野心暴露，聯合出羽北部強大豪族秋田實季（本文開頭提及的安東愛季之子），於一五九〇年攻陷浪岡城，趁此餘威，宣告脫離南部氏獨立。彌四郎為信統一津輕三郡的時間在兩造記載裡差距五年，關係人之一石川高信，死亡年份更有十年落差！

仔細比較兩造記載，原本筆者對何者記載較為可信並無把握，在確認以下事實後認為津輕方面的記載雖不可盡信，但至少在年代方面的誤差值尚屬可接受的範圍。

秋田實季家紋

一五八九年十一月廿四日，已對統治關東大半部的北條氏政・氏直父子遲遲不上洛感到不耐的天下人豐臣秀吉，決定動員各地大名出兵關東。由於彌四郎為信地處偏遠，加上「朝中無人」，無從得知秀吉出兵關東的確切日期，因此無法前往小田原請求秀吉頒發本領安堵狀。得不到本領安堵狀，已經成為天下人的秀吉大筆一揮，津輕三郡隨時會易主，彌四郎為信十餘年來努力的成果就成為泡影。

熟知武家典故的為信軍師沼田面松齋祐光大膽指出秀吉出兵日期必在三月一日，理由是秀吉出兵九州也是在這一日。武家政權的締造者鎌倉殿源賴朝於一一八七年三月一日逼迫朝廷冊封自己為「六十六箇國總追捕使」，因而得以在各國設置守護（擁有軍事、警察等權力維持治安）、在各莊園安置地頭（管理土地，負責徵稅事宜），由長年追隨自己的御家人擔任這兩個職務，此為武家政權確立的前兆。曾在鎌倉鶴岡八幡宮參拜賴朝並且說出「我們同為取天下的友人」的秀吉，想必不會遺漏賴朝這一重要舉措。

在沼田祐光的建議下，彌四郎為信尋求一條更為穩建的路徑，前往小田原之前先行繞到奈良拜見隱居的近衛前久。熟悉這段歷史的讀者想必知道為信此舉的用意，五年前（一五八五年）七月十一日，平定四國的羽柴秀吉成為近衛前久的養子改名藤原秀吉後，在這一天得到朝廷冊封的關白宣下。

❖近衛前久：出走的關白

近衛前久（一五三六～一六一二）本名晴嗣，後改名前嗣、前久，是筆者在《西國篇・松永久秀篇》提過教長尾景虎（後來的上杉謙信）吟詠和歌的近衛稙家之子。前久十九歲當上關白、正二位左大臣及藤氏長者，當然與公武結合不無關係。一五五九年四月，越後長尾景虎率領五千兵力二度上洛謁見將軍，前久於此時結識景虎，兩人意氣相投，超越家世的藩籬成為無話不談的好友。

同年十月底，景虎因為武田晴信出兵川中島不得不違背初衷返回越後，沒想到近衛前久在此時提出要與景虎一起前往越後的要求。關白離開京都，流落地方並非沒有前例，然而，現任關白離開京都流落地方則以近衛前久為首例。出走原因為無法忍受三好長慶、松永久秀掌控下的京都，想憑藉長尾景虎之力從越後上洛平定三好、松永等人。

然而當時在位的正親町天皇將於次年正月舉行即位式，人臣之首的關白自無缺席之理，一五六〇年初正親町天皇即位式後，近衛關白辭去左大臣，帶了幾名隨從離京，循北陸道於該年九月來到春日山城，

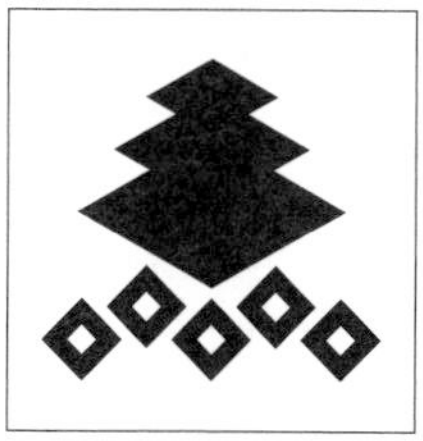

三好長慶家紋

以當時各地割據形勢來看，只帶幾位隨從就翻山越嶺進行幾百公里的長途旅行，除需要勇氣外，還有就是近乎信仰的信念，這種行為在公卿中可說絕無僅有，何況近衛前久此時還是現任關白。

或許雪國的嚴寒氣候對京都出身的公卿過於苛刻，近衛關白在越後停留時間並不長，翌年融雪後前久翻越海拔超過一千六百公尺的三國峠來到上野，移居景虎為關東管領而築的新居館廄橋（群馬縣前橋市）城，後來遷移到古河御所（茨城縣古河市）。之後以關白威信縱橫捭闔於上野、下野、下總等地號召關東豪族歸附景虎，一時之間歸附者眾。關白近衛前久大概在這段期間改名為「前久」，動機不明。

第四次川中島之戰後，眼見關東管領在關東勢力逐漸衰退，近衛

松永久秀家紋

關白意識到景虎終究無望統一關東，遂起離去之意。一五六二年八月，近衛關白離開關東返京，京都已有極大變化，三好長慶以及三個弟弟先後辭世，改由松永久秀和三好三人眾把持政局。一五六五年五月，京都發生久秀和三好三人眾主導殺害十三代將軍光源院公足利義輝的政變（永祿之變），在各地撻伐聲中，久秀以義輝未亡人（近衛前久之姊）性命為要脅，令近衛關白不得不支持久秀擁立平島公方足利義維之子義榮為十四代將軍。

一五六八年九月廿八日，信長簇擁義輝之弟義昭上洛，心存打倒三好・松永政權之志的近衛關白自然雙手歡迎，可是「準」將軍義昭與反對近衛前久的攝家成員二條晴良聯手，於該年年底免除前久關白的職務。之後近衛前久再度離開京都，先後旅居丹波、河內加入「信長包圍網」，然後再穿越瀨戶內海來到九州，成為肥後相良義陽、薩摩島津義久的食客。

一五七七年，近衛前久倦鳥知返，回到京都，為勢力蒸蒸日上的信長奉為嘉賓。長達十一年的石山戰爭便是在近衛前久的奔走下，最後在一五八〇年閏三月成功讓石山本願寺開城，終於解決信長長年的心腹之患。

❖改變歷史的關鍵人物

顯如法王退出石山本願寺後，難掩興奮之情的信長對前久許諾：「日後若能平定天下，將獻一國給近衛家。」一五八二年二月，在信長的強力護航下，前久當上太政大臣，對這個主要是擔任天皇帝師卻無實權的大位，前久內心應該不是很高興。再對照信長先前曾允諾給明智光秀出雲、石見兩國，卻只是塊吃不到的大餅，因此前久質疑信長的「將獻一國給近衛家」也同樣是不會兌現的承諾。

前久對信長的不信任感在武田滅亡後更為明

顯，和信長的對立漸深，以天皇使臣身分伴隨信長參與消滅武田氏之役的前久，據說在戰役結束後曾提出想與信長沿東海道欣賞富士山後回京，卻被信長嚴詞拒絕要他自己走木曾路回去，終於在五月被迫辭去太政大臣。

本能寺之變後，羽柴秀吉將前久逐出京都。在茶屋四郎次郎的引介下，前久投靠十幾年前曾向朝廷斡旋准許使用「德川」苗字以及從五位下三河守的德川家康。隨著秀吉掃平昔日織田家平起平坐的同袍勢力後，和家康的對決成為無可避免的宿命，然而經小牧・長久手一役後，秀吉清楚知道家康不是可用武力征服的對手，能透過政治運作降伏是最好不過，於是這位前關白、前太政大臣又活躍到歷史的前線。

一五八四年九月，透過近衛前久的斡旋，秀吉與交戰的家康、織田信雄議和。完成議和之後，秀吉召前久返回京都，此時的天下人秀吉最為在意的是，平民出身的他如何有個相襯的官位，就這必須仰仗近衛前久。一五八五年七月十一日，朝廷向秀吉下達關白宣下，原因是秀吉成為前久的養子，擁有五攝家筆頭的家世當然夠格擔任關白，秀吉於是改名藤原秀吉，近衛前久再一次成為改變歷史的關鍵人物！

不過在秀吉當上關白之後，近衛前久已失去重要性而為秀吉疏遠，最後自請到奈良隱居，津輕為信上門求見，正是前久隱居之後的事。

❖為信與秀吉同養父

近衛前久與秀吉同年，此時五十五歲，擁有公卿中無人能及的經歷早已練就不以物喜、不以己悲的修養。津輕為信和五年前的秀吉一樣找上門來要求近衛前久收為養子，還提出自己是十三津輕氏的後裔——十三津輕氏是藤原氏的分支，等於是藤原氏嫡系近衛家的後裔——請求准許自己使用近衛家的杏葉牡丹家紋。

近衛前久欣然答應為信的要求，於是為信趕緊將杏葉牡丹的家紋染在旗幟上，急急忙忙趕往小田原城，雖然已超過三月一日，但是為信判斷小田原城的圍城戰不會在幾天內結束，應該還趕得上向秀吉要求本領安堵狀，最重要的一定要趕在南部信直之前。

津輕為信一行十餘人於三月廿七日來到秀吉本陣所在地沼津（靜岡縣沼津市）謁見秀吉，所幸南部信直尚未到來。為信嗓門之大一點也不遜於秀吉，一到本陣便以洪亮的聲音報上名號，但秀吉完全聽不懂，津輕口音一如薩摩，外地人很難聽懂。於是為信的軍師沼田面松齋祐光上場，早年曾遊歷各國的他說得一口流利京都腔，不卑不亢的說出津輕三郡的主人是眼前的津輕右京亮為信，而非南部氏，由於南部領地有動亂，因此無法率領大軍前來助陣。

沼田在陳述事實的同時，也不忘表述津輕為信是近衛前久養子的事實，和您關白殿下可是同一位養父，如果您不承認他，等於要天下大名也不用承認您。這個無言的恫嚇收到絕佳的效果，秀吉本人一定也很清楚：承認津輕為信在津輕三郡的地位，更可以鞏固自己關白的地位。

杏葉牡丹紋

❖梟雄動人的感恩方式

雖然早在預料之中，為信內心對秀吉還是抱持感激。為信在秀吉死後的關原之戰雖加入東軍，但這是為保有津輕三郡而不得不做的選擇。關原戰後，為信於津輕高岡地方築城（青森縣弘前市，完成於第二代藩主信枚，一六二八年改名為弘前城），以日本現存十二座天守閣而聞名（東北唯一的一座），其實這座城的某處蘊藏著不為人知的秘密。

攤開弘前城的繩張圖（平面圖），本丸東邊的內壕沿北直走和東西向短內壕的交會處是江戶時代稻荷神社的舊址。乍看之下與其他神社並無兩樣，然而神社的最內處只有藩主及其直系血親、神主等少數人能夠進入，裡面有個被視為館神（城的守護神）的神龕，整個江戶時代神龕從未開啟過。進入明治時代後打開來看才發現，原來津輕為信將秀吉的木像當做弘前城的守護神！在江戶時代，祭祀秀吉或豐臣家很有可能招致本家毀滅，然而，為信還是找到一個不會使本家毀滅卻又能顯示不忘秀吉恩情的方法，雖說是梟雄，感恩的方式令人感到無比溫馨。

得到秀吉親手給予的本領安堵狀之後，津輕為信高高興興的返回領地。進入四月，南部信直終於姍姍來遲，駐紮在前田利家軍隊所在的武藏鉢形城附近。五月十四日，南部信直與利家、上杉景勝、真田昌幸、淺野長政等武將率領共約三萬七千兵力包圍由北條氏康三子氏邦戍守的鉢形城。守軍兵力估計在三千五左右，然而佔有地形優勢硬是支撐一個月才被攻下。之後利家、景勝等人趁勢進攻鉢形城東南方約三十公里的八王子城（東京都八王子市），該城標高四百六十公尺，是一座典型的中世紀山城，由北條氏康次子氏照戍守。也許受到武藏諸支城陷落的影響，守軍士氣低落，不到幾天便於六月廿三日陷落。

位於武藏和相模國境的八王子城陷落，代表秀吉軍北路已直逼相模；另外伊豆半島北部的韮山城（靜岡縣伊豆之國市）也於次日為蒲生氏鄉、福島正則、細川忠興、織田信雄率領超過四萬兵力的南路軍攻陷，整個小田原戰役的結束只是時間問題。在最後的總攻擊前夕，利家陪伴信直前往石垣山

北條氏家紋

本陣謁見秀吉，南部信直是小田原之役唯一出兵支援的東北大名，而且在進攻鉢形、八王子兩城有立下實質戰功。

信直謁見時向秀吉投訴為信是南部家叛臣，請求收回本領安堵狀。對秀吉而言，發出去的本領安堵狀沒有平白收回的道理，更何況否定津輕為信等於否定自己——這點無法對南部信直挑明。秀吉於是准許信直出兵討伐南部領地另一件亂事——九戶政實之亂。

再對照獨眼龍伊達政宗於小田原之役接近結束時才率軍前來遭到秀吉減封的處分，可以發現以下事實：本身對奧羽形勢不熟悉的秀吉，對奧羽大名的處置是依照到達時間的早晚以及有無派兵參加做為依據，從津輕為信取得本領安堵狀來看，到達時間的早晚甚至優先於有無派兵！這種憑第一印象決定處置命運很符合秀吉的形象，津輕為信正因為投秀吉所好得以於江戶時代與主家南部氏並存。如果為信此時面對的是德川家康，光是早到而不發一兵還想得到本領安堵，恐怕很難。為信日後會將秀吉的木像做為守護弘前城的館神安置於稲荷神社內部，實在有其道理。

❖南部氏的分裂

南部氏始祖源遠光（也叫加賀美遠光）是甲斐武田氏的始祖源信義的胞弟，屬於河內源氏的分支。遠光將甲斐國巨摩郡南部牧（山梨縣南巨摩郡南部町）的領地賜給三子光行，故以南部氏稱之；與位在具摩郡小笠原莊的長兄長清是同胞兄弟，說來都是河內源氏庶流甲斐武田氏的分支。

南部氏在甲斐的時間非常短暫，南部光行追隨源賴朝平定奧州藤原氏，得到津輕、糠部、鹿角、岩手、閉伊五郡遼闊領地的賞賜，約等於今日岩手縣盛岡市以北和整個青森縣（這一記載並不見於當時最權威的史書《吾妻鏡》，真實性存疑），相對於與源賴朝不和的武田信義（即源信義）在消滅平家、平定奧州的過程中沒得到任何賞賜，南部氏得到的領地實在過於豐厚。

一如其他家族，為維持龐大領地內的秩序，南部氏家督分封庶子或用女兒與當地有力勢力結為姻親。今日岩手、青森兩縣交界地帶有從

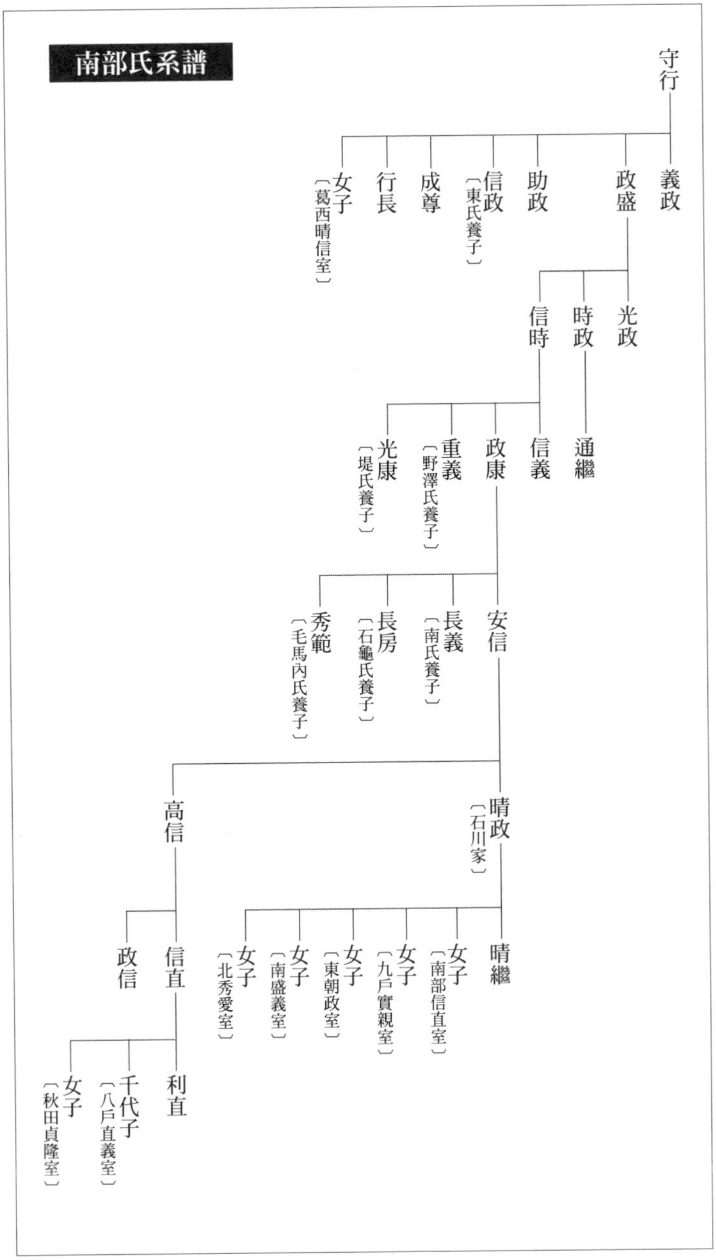

一戶到九戶的地名（四戶除外），都是南部氏的分家。前文提及，北畠顯家率領上洛勤王的奧州軍中，有位名為南部師行的將領，就是出身南部氏分支八戶氏。

南部氏家紋

南部氏第廿三代家督安信（最近幾代【信長之野望】都有收錄）平定原因不明的津輕叛亂後，由其弟石川高信擔任津輕代官。到安信之子晴政時擊退入侵的外敵，建構家族最大的版圖，上述五郡領地或許到此時才完全實現。

不過，南部氏分裂也植因於晴政在位時。晴政縱橫沙場多年始終膝下無子，於是接受家臣的建議，收養叔父石川高信長子——堂弟田子城城主（青森縣三戶郡田子町）信直——為婿養子，輩分上雖是堂兄弟，年紀卻有將近三十歲的差距。

與應仁之亂的起因如出一轍，石川信直改姓南部後，一五七〇年南部晴政生下一子，如此一來，南部信直自然為堂兄（同時也是岳父、養父）疏遠，一五七六年遭到廢黜，這一年南部晴政六十歲，新繼承人晴繼七歲，信直三十一歲。一五八二年，南部晴政以六十六歲之齡病逝，家族內部矛盾浮上檯面，信直以奔喪之名進入原本應由他坐鎮的居城三戶城（青森縣三戶郡三戶町）。晴政後事辦完後，第廿五代家督晴繼遭到不明盜賊的襲擊，傷重而死，年僅十三歲。

❖九戶政實之亂

由於南部信直已被廢黜，因此第廿六代家督人選必須重新選擇，人選除信直外，還有另一分家九戶家的家督政實之弟實親。信直娶晴政長女，實親娶晴政次女，以血緣來看雙方不分軒輊。然則本家重臣北信愛、八戶政榮（俱為南部氏分家）認為信直具有大器，是「三德（智、仁、勇）兼備的良將」，因此立場偏向信直。南部氏第廿六代家督最後拍板定案由信直繼承，儘管過程曲折，信直最終坐上家督之位，這年他三十七歲。

角逐家督失利的九戶氏不服叛變，對當時在津輕啃蝕南部家根基的彌四郎為信而言，九戶政實是他巴望已久的盟友，兩人於是訂定同盟。這個同盟對彌四郎為信助益甚大，九戶氏的居城九戶城（岩手縣二戶市）與三戶城只有咫尺之距，對南部氏構成最直接的威脅，因此也承受南部力道極大的反擊。為信則拜鞭長莫及之賜，不僅可以將全部心力放在平定津輕三郡上，前文提及的前往奈良懇請近衛前久收為養子、前往小田原從天下人秀吉手中得到津輕三郡的本領安堵狀，都是因為有九戶政實絆住南部家之故。

也因為如此，南部家錯過前往小田原向秀吉示好的機會，在小田原之役結束後成為秀吉處分的對象之一，即有名的「奧州仕置」（「仕置」為處分之意）。由奧州仕置而引發葛西・大崎一揆，事情的開端在於葛西、大崎領地的新主人木村吉清過於殘暴，引發兩家舊臣暴動。吉清無力平定，向秀吉求援，秀吉派出獨眼龍伊達政宗和有「取天下才幹」的信長女婿蒲生氏鄉出五萬餘兵力在一個月內平定。

由於獨眼龍心懷鬼胎，亂平之後政宗被秀吉沒收十四萬石領地做為處分，剩下米澤一帶共五十八萬石。被沒收的十四萬石加上葛西、大崎領地三十萬石，以及會津一帶全部封給蒲生氏鄉，領地多達九十二萬石，僅次於秀吉、家康、毛利輝元三人，秀吉以氏鄉鎮守奧羽兩州的意味相當濃厚。

伊達氏家紋

葛西・大崎一揆平定後，接著是前往更北邊

平定九戶政實之亂。此役以日後有「殺生關白」之稱的秀次為總大將，翌年一月秀次晉陞左大臣、關白，並取得內覽權（先閱覽太政官的奏聞，然後再上呈天皇，這是攝政・關白獨有的權力，類似明朝大學士的「票擬」）。秀次底下有蒲生氏鄉、淺野長政、堀尾吉晴、石田三成、井伊直政等人，九戶城周遭的大名也都收到動員令出兵助陣，包含南部信直以及九戶氏昔日盟友津輕為信。

其實這也是秀吉對奧羽歸順大名的考驗，秀吉擔心這些新歸順的奧羽大名中有和獨眼龍同樣陽奉陰違，表面哈腰點頭，背地裡勾結其他豪族抗拒秀吉勢力的進入。

❖乖乖接受秀吉徵召

察覺秀吉意圖的為信，為保全家業，不得不接受秀吉的徵召，乖乖出兵接受蒲生氏鄉的指揮，攻擊對自己事業有「恩情」的昔日盟友。

蒲生氏鄉家紋

一五九一年九月一日，秀次下達總攻擊，為數超過六萬（另有一說是十萬）兵力朝九戶的領地前進，其中包含為信約兩千五部隊，為取信這些秀吉的嫡系武將，為信不得不比其他大名賣力，傷亡也因而特別嚴重。

區區一座九戶城不到五千守軍，面對十倍敵軍早就支撐不住，九月十日開城投降。秀次不負「殺生關白」之名，城主九戶政實遭斬首，九戶城遭火焚毀，城內所有戰鬥和非戰鬥人員無一倖免，有「九戶的格殺勿論」（九戶の撫で斬り）之稱。看在為信眼裡想必極為震撼，如果沒有九戶氏，南部信直便能在為信之前到達小田原向秀吉告狀，那麼此刻屍橫遍野的便是津輕一族。

合　不制於天地人的髭殿

❖短報領地收入的妙計

秀吉在九戶政實之亂平定之後完成真正的統一，正當其他大名沉醉於得來不易的和平時，津輕為信看穿了秀吉在歸於一統後仍將淺野長政、石田三成、增田長盛等人留在奧羽的真正意圖，於是叫領地內的百姓有計劃的休耕。當這幾人來到津輕三郡時，看到的是大片荒蕪的田地，沒能看出土地休耕真正原因的他們，因此向秀吉回報為信的領地收入「只有」四萬五千石。

太閤檢地雖然未能推廣到整個日本，實施地區丈量出來的土地實收（稱為「石高」）非常精準，因此成為來年朝鮮之役各大名出兵的依據。依照一萬石出兵二百五十名的比例，為信只要出一千一百名左右；如果不進行休耕讓領地荒蕪，為信變成要出超過五千名兵力，再加上動員兵力所需的糧秣以及其他開銷都要自行解決（與江戶時代「參勤交代」相同），為信應該無法承擔如此沉重的負荷。

為信的計策使得津輕地方在翌年朝鮮之役免於動員出兵的命運，一五九二年日本全國籠罩在征討朝鮮的氛圍時，津輕地方反而保有其他地方罕見的和平光景。

一五九四年八月，為信捨棄原本的居城大浦城（青森縣弘前市），遷移至堀越城（青森縣弘前市），從以往津輕半島的邊陲遷移到中心地，展現的是為信經營津輕的決心。

秀吉死後，德川家康一改之前順從的形象，頻頻以五大老筆頭的身分違背秀吉生前定下的規定，為捍衛豐臣政權，五奉行之一的石田治部少輔三成挺身而出，號召身受太閤恩顧的天下大名共同討伐家康。人世間有些事情不是「情義」兩字能拴得住的。

在考量情義之前更多人優先考量的是自身利益，以及現實環境的變化，三成卻無法理解人性追求功利的本能。對他而言，太閤的恩情就是一切，少主秀賴繼承太閤地位延續豐臣政權是他活著的使命，不過這只能要求自己，不能強求他人將太閤恩情擺在個人或家族的利益之上。

❖與真田家一樣兩面押寶

關原之戰開戰前東西軍兵力雖大抵相當，可是分析之後可以發現，豐臣政權底下明星級武將多半加入東軍，東軍諸將對內府家康不管在聲望上、統率上、戰略上都深具信心，沒有那種名為加入實則觀望的騎牆心態；西軍倒是有不少抱持觀望，甚至隨時準備倒戈的武將。雖然戰前兩軍兵力平分秋色，開戰後實際投入作戰的兵力東軍卻比西軍多出甚多！

以奇謀秘計完成津輕三郡統一的為信卻沒能看出這點，只就兵力上不分軒輊下判斷，認為雙方都有獲勝的機會，為了讓津輕家能夠繼續成為津輕三郡的主人，為信讓曾為豐臣秀賴小姓的長子信建加入西軍（烏帽子親即為三成），三子信枚加入東軍（為信次子信堅在三年前亡故）。

說到將自己的兒子送往敵對陣營以換取家族的延續，相信讀者一定會想到信州上田的小大名真田昌幸（本書第三篇的主人公）。說來這兩人在智力上同樣絕頂聰明，然而聰明過頭反而迷失在內府和治部少必須做出擇一的抉擇，最終做出一個兒子投靠內府、另一個兒子投靠治部少的保守決定，這種決定雖可保證不管何者獲勝自己都是贏家，可是換個角度來看，根本就是輸家！

昌幸和為信遇上天下歸屬的問題，判斷上反而不如太閤恩顧大名只憑好惡就做出抉擇來得犀利，或許不是所有事情都要仔細計較利害得失後才能決定，過於在乎利害得失往往造成判斷上的盲點。

津輕家是整個奧羽大名中唯一派出部隊前往關原戰場作戰的大名，為信的任務是進攻西軍主力被誘往關原戰場後的大垣城（岐阜縣大垣市）。雖說主力已前往關原戰場，但城內仍有五千左右兵力，蠻攻會造成重大傷亡。不過為信也知道大垣城是他僅有的立功機會，若沒有取得攻城首功，注定一輩子只是個四萬五千石的小大名。為信於是發動幾波兇猛攻勢，可是傷亡慘重。關原之戰僅只一天便結束，當西軍敗戰的消息傳來，大垣城人心惶惶，為信利用這個良機勸說城內幾名守將打開城門，與東軍一起攻城的將領合力攻下大垣城本丸，功勞雖不大，卻不致空手而回。

戰後論功行賞，為信增加了上野勢多郡大館（群馬縣太田市）兩千石領地，總俸祿成為四萬七千石。由於堀越城在關原之戰期間燒毀，為信決定再築一座新城。為信認定津輕半島不會再啟戰端，築城地點可以不用考慮險要的丘陵地，交通要衝以及具有廣大腹地成為先決條件。幾經思量後，為信接受軍師沼田祐光的建議，於土淵川和岩木川之間的高岡建造一座新城並且規劃城下町，新城雖於一六〇三年開始建造，但是幕府遲遲未頒下許可，幾乎毫無進度。

一六〇七年十二月五日，為信等不到幕府築城許可下達溘然病逝，享年五十八歲。

關原之戰進攻大垣城屏風

❖「髭殿」為信的幾則軼事

津輕為信外貌有個顯著特徵：滿臉絡腮鬍垂到胸前，因此而有「髭殿」（ひげとの）的稱號。蓄鬚在明治時代以前雖是男性的習慣，然而從流傳至今的武將肖像畫看來，蓄鬚到津輕為信這種程度似乎並不多見，大部分的武將只在人中、嘴巴附近蓄鬚。

為信一生貫徹的信條是：

不制於天地人，亦不信神佛之力。

為信將他的信條寫在軍配團扇上，每次持軍配團扇指揮軍隊時，時時警惕自己。「不信神佛之力」與無神論的織田信長頗有雷同之處。這並非隨便說說，地處偏遠的津輕半島，為信竟然讓三個兒子信建、信堅、信枚受洗入教，或許為信在基督教的教義上看到比傳統佛教更為理性的一面。

《津輕一統誌》是津輕藩第五代藩主信壽於

一七二七年編纂的官方史書，內容為津輕為信統一津輕三郡的過程，以及為信生平事蹟、名言，於一七三一年完稿。該書提及為信在作戰方面的心得，非常值得學習：「作戰不是依賴兵力的多寡取勝，端看將領的戰術戰略。」看來「將帥無能，累死三軍」古今皆然。

由於津輕為信反叛南部氏，自立成一獨立大名，使得南部氏永久失去津輕平野這一精華地帶，損失估計超過廿萬石。加上歷代盛岡藩主都是南部信直的子孫，為信殺害石川高信的仇恨未能化解，因此歷代盛岡藩主對津輕藩抱持敵視心態，不僅兩藩互不往來，也嚴禁家臣甚至一般民眾有所交往。

在江戶時代的幕藩體制下，不同藩國的民眾原本就禁止通婚，可是明治維新後，有很長一段時間兩藩人民仍遵守禁止通婚的規定，可見歷代盛岡藩主對津輕為信以及津輕藩的怨恨有多深刻！

❖老父屍骨未寒，叔侄打得火熱

津輕家在關原之戰因為採取讓兩個兒子投靠不同陣營的策略，加上戰後為信沒能做出果斷處置，以致為信死後發生江戶時代常見的「御家騷動」。

為信生前沒有指定繼承人，不過大家都知道第二代藩主人選必然落在關原之戰加入東軍的津輕信枚身上，就算為信不在乎家臣的期待，也不能不顧及幕府的感受，這點與細川家頗為類似。不同的是，細川忠興快刀斬亂麻，廢掉和西軍有糾葛的長子忠隆，改立幕府欽點的三子忠利。為信在關原之後並沒有廢掉信建——應該說為信原本就沒有立信建為家督，也就沒有所謂的廢嫡。

一六〇七年十月，信建在立場極為曖昧的情況下鬱鬱而終，享年三十四歲。兩個月後，為信跟著撒手人寰，繼承人之爭從原本的信建與信枚演變為信建長子熊千代與信枚。信建本人並非素行不良、聲名狼藉之輩，只因關原之戰投錯陣營，使得原本支持信建的家臣不得不噤若寒蟬。如今信建亡故，不少家臣認為不應將加入東軍的罪過轉嫁在熊千代身上，熊千代雖然年幼（從名字看得出尚未元服），得到的支持反而勝過亡父。

於是為信死後津輕家分裂為擁護為信長孫的熊千代派以及擁護為信三子的信枚派，兩派僵持不下，給予幕府干涉的機會。一六〇九年，身為幕內府的親信本多佐渡守正信做出裁決，身為幕府老中首座的他，當然不會做出損及幕府利益的裁決，熊千代是信建之子，難保不會有親大坂的行為，有這種「前科」的父親，豈可將津輕四萬七千石交給他的兒子？

從佐渡守輕描淡寫的裁決文字，後人看不到的是政爭失敗一方慘遭清算、屠戮的慘況。儘管如此，信枚的地位總算穩固下來，幕府又認可弘前城的普請工程，使得津輕藩雖不到五萬石卻破格擁有大天守。

另外，一六一三年，在大僧正南光坊天海的建議下，幕府將家康的養女滿天姬（家康的異父弟松平康元之女，原為福島正則養子正之的正室，之後正之發狂遭到幕府幽禁，同時也裁決滿天姬與正之離異）嫁給信枚做為正室，這麼一來，不光是信枚，連津輕藩的地位都堅若磐石。

一六一一年新城完工，命名弘前城，別名高岡城、鷹岡城。以今日觀之或許不覺得弘前城特別突出，可是在江戶時代卻引起爭議，因為不到五萬石的津輕藩竟擁有五層五階（外表看來五層，內部則是五樓）的規模，這可是三十萬石以上的大藩才能享有的規格。一六二七年一場落雷燒毀弘前城的天守，由於幕府不同意重建，弘前城往後將近兩百年沒有天守（〈武家諸法度〉規定居城的堀、土壘、石壘有所損壞需修繕時，須先向奉行所提出得到同意後方能進行，櫓、塀、門不可超過原先規模）。

❖拜「赤蝦夷」之賜升格

十八世紀末，歐洲政治舞台的主角除傳統的英、法兩國之外，北邊俄羅斯在該國最強盛的羅曼諾夫（Romanov）王朝（一六一三～一九一七）幾代沙皇的軍事擴張後，逐漸在國際事務上佔有重要地位。該王朝第十二位沙皇葉卡婕琳娜二世（Екатерина II，在位一七六二～九六，與彼得大帝並列王朝最有名的沙皇，也是全世界唯一一位擁有「大帝」稱號的女皇）於一七九二年藉口遣返漂流的漁夫返回日本，出動艦隊到今日北海道根室一帶，比英、美艦隊的叩關還早半世紀，這才是西方列強以武力介入日本的濫觴。

得知俄羅斯（當時日本人稱俄羅斯人為「赤蝦夷」）有入侵國境最北方蝦夷地（北海道舊稱）的傾向，反應慢半拍的幕府遲至一八〇二年才設置箱館奉行（函館市）做為指揮蝦夷地的基地，並派遣官員探查蝦夷地以北的樺太（中國稱為庫頁島，俄國則稱為薩哈林島〔Sakhalin〕）以防俄國入侵。於一八〇八年意外發現樺太是個大島，而非半島，樺太隔著紀念發現者間宮林藏而命名的間宮海峽（也叫做韃靼海峽）與歐亞大陸的哈巴羅夫斯克邊疆區（Хабаровск，首府為哈巴羅夫斯克，中文譯名為「伯力」）相對。

為不使蝦夷地落入俄國人手中，幕府採用的方法是提高鄰近蝦夷地各藩的俸祿，而鄰近蝦夷地只有兩藩，就是津輕和盛岡（南部氏）。幕府於一八〇五年將津輕藩提升至七萬石，三年後增至十萬石，在江戶城等待拜謁將軍的順序從原本的柳間提升至與主家南部氏並存的大廣間。停擺將近兩百年的天守重建也於一八一一年獲得幕府許可重建，不過規模只有今日所見的三層三階。

至於南部氏盛岡藩（居城本名不來方城，大坂夏之陣那年改為盛岡城）原本俸祿十萬石，也拜俄羅斯逼近之賜，提升至二十萬石，成為準「國持大名」（擁有一國以上的大名，然而陸奧、出羽兩國幅員過於遼闊，在幕藩體制下不可能真正「國持」，因此標準放寬為家督官位在從四位下侍從以上。南部氏家督官位最高只到正五位下近衛權少將，因此稱為準「國持大名」）。

齋藤道三

さいとう　どうさん，明應三年？～弘治二年；一四九四？～一五五六

竊取美濃國的賣油郎

【根據地】美濃輕海西城。

【性格特徵】猶如蝮蛇般對提拔自己的貴人屢屢以過河拆橋的行為回報，「竊鉤者誅，竊國者為諸侯。」

【特殊事蹟】接受主君贈予的愛妾，一生改過十三次名字，從一介賣油郎不斷往上攀升，最終成為美濃一國的主人。

【最大領地】美濃國。

【最後結局】在長良川為長子義龍討伐。

【家族命運】長子義龍死後，其子龍興昏庸，領地美濃逐漸為打著為岳父復仇的織田信長蠶食，最後遭到逐出美濃的命運。被驅逐的龍興投靠越前朝倉家，一五七三年與信長作戰時陣亡，齋藤家滅亡。

【梟雄度】★★★★★

起　父子同心其利斷金

❖蝮蛇謎樣的前半生

說到齋藤道三，拜織田信長之賜，不少人知道他是信長的岳父，也知道他有個極為響亮的外號「蝮蛇」。一般人對齋藤道三的了解恐怕僅只於此，遑論「蝮蛇」撲朔迷離的身世。

齋藤道三一生擁有過十三個名字：峰丸、妙覺寺法蓮房、松波庄九郎（另有記載為庄五郎）、奈良屋庄九郎、山崎屋庄九郎、西村勘九郎、長井正利、長井新九郎利政、長井新九郎規秀、藤原規秀、齋藤山城守利政、齋藤左近大夫秀龍，至於齋藤道三則是成為美濃國實際支配者且遁入空門後的法號。於由道三改名過於頻繁，筆者打算打破以往慣例只用兩個名字來稱呼：一五四一年剃度出家前以長井規秀稱之；其後則稱之為齋藤道三。

近年來齋藤道三的研究有重大突破，與以往大眾的認識迥異。以往的通說為齋藤道三出身山城國乙訓郡西岡（京都府長岡京市），為了餬口曾以賣油為生，來到美濃後，因緣際會認識美濃守護土岐氏的家臣，在取得他們的信任後施展「下剋上」手段，將守護土岐氏連同家臣逐出美濃，搖身變成美濃的主人，完成美濃一國的「盜國」。

一九六四年開始編纂《岐阜縣史》，過程中引用不少過去不受重視的文書，如〈**六角承禎條書寫**〉〈東大寺定使下向注文〉〈幕府奉行人奉書案〉等資料顯示，美濃一國的盜國是

〈六角承禎條書寫〉

（ろっかくしょうていじょうしょしゃ）

一九六四年編纂《岐阜縣史》時，於神奈川縣發現記載日期為一五六〇年七月廿一日，由近江南部的戰國大名六角義賢（一五五九年隱居後法名承禎）署名的諸項條文文書，現收錄於《岐阜縣史史料編古代中世四》。

話說敗給勇猛的淺井長政後，六角義賢開始物色長子義治的婚姻對象，同時希望藉由姻親與女方締結同盟以抗淺井氏。義賢最初的對象是蝮蛇之子齋藤義龍，因此這份〈六角承禎條書寫〉有如今日雇用徵信社所做的身家調查報告。

目前看到的全文共十四條（不確定是否有闕失），其中與齋藤氏相關的有三條：

一、齋治（齋藤治部大輔之略，即齋藤義龍）之出身，祖父新左衛門尉者，京都妙覺寺法花（華）僧，名為西村。濃州錯亂之際，極盡所能，終與長井氏同名（指改名為長井新左衛門尉）。又，其父左近大夫（道三）討殺代代領主（指殺害長井氏領主），奪取諸職，取得齋藤之名。招次郎殿（指土岐賴藝的兄長賴武之子賴純）為婿，次郎殿早逝（廿四歲），迎其弟八郎至城下井口，藉機殺害，其他兄弟或毒害之，或暗殺之，這樣的殺戮必然會有因果報應。

二、齋治與其父斷絕關係，殺害親弟，與其父兵刃相對，親取其命，如此代代相傳的惡逆血緣，與之結緣豈能長久哉？……

三、齋治曾上疏幕府，不得幕府方面的認同，於是再三上疏公方大人（將軍），伊勢守（？）與齋治結緣……

當中最重要當屬筆者所引用的第一條，離開妙覺寺前往美濃，改姓西村到改名長井新左衛門尉的都是道三之父；之後到改姓齋藤才是道三的經歷，筆者一開始羅列的十三個名字其實應該是父子兩代合計（或者更多）。從奈良屋庄九郎、山崎屋庄九郎這兩個與商人有關的名字看來，道三賣油應該確有其事。

依照這份身家調查報告，六角義賢認為齋藤義龍家世過低，加上齋藤氏的血緣裡有盜國的基因因此予以拒絕。不過，一五六一年淺井長政入侵佐和山城（滋賀縣彥根市），六角義賢痛感必須在東邊締結盟友牽制淺井的南下，因此放下家世的尊嚴與之結盟上洛，與河內的畠山高政構築對三好長慶的包圍網。

經由道三及其父長井新左衛門尉兩代才完成，以往認為齋藤道三的經歷，實際上很有可能是父子兩代共同的經歷，這種說法目前得到學界普遍認同。

也因為〈六角承禎條書寫〉的發現，使得司馬遼太郎氏在《國盜物語》一書裡對齋藤道三選擇美濃做為竊取天下的理由「美濃之國，郡數十餘個，米的最高生產量逼近六十五萬石。此外，距京都近，而且街道四通八達，出鄰國尾張可接東海道，關原附近可接北國街道、東山道、伊勢街道，是天下的交通要地，是理想的用兵之地。能平定美濃者，就能平定天下」變得牽強。

齋藤道三畫像

由於長井新左衛門尉過於陌生，且與齋藤道三是否有血緣關係也無法確定，因此本文介紹的重點集中在齋藤道三身上，至於道三謎樣的前半生只能簡單帶過。

❖智慧第一的法蓮房

後人熟知的齋藤道三形象，很大程度來自《美濃國諸舊記》這本書，包括道三之父名為松波左近將監基宗，先祖代代擔任警衛上皇的**北面武士**，到基宗這代因犯錯成為浪人謫居西岡。長井規秀（即齋藤道三）幼年於京都妙覺寺（京都市上京區，日蓮宗的本山）出家，法名法蓮房，天性聰穎的他，很快就被寺中僧侶稱為「智慧第一的法蓮房」。不過對照〈六角承禎條書寫〉，也許此人是道三之父長井新左衛門尉。

二十餘歲時，法蓮房寺中好友前去美濃國厚

見郡今泉鄉鷲林山常在寺（岐阜縣岐阜市，是妙覺寺的末寺）擔任住持，他的兄長是美濃小守護代長井氏的族人長井利隆，透過這層關係長井規秀（或其父）與美濃守護家老有初步的認識，趁此機會還俗，改名為松波庄九郎（或庄五郎），入贅當時有名的賣油商奈良屋，又改名為奈良屋庄九郎。據說長井規秀倒油的工夫出神入化，不用漏斗便能直接將倒出來的油穿過一文錢中間的孔穴，這種即興演出使他的生意特別興隆，很快得到奈良屋准許他獨立使用個別商號（今日創立個人品牌）山城屋。

以上所載是《美濃國諸舊記》對道三前半生的概要記載，不過將道三的名字改為長井新左衛門尉之後套用到上面的記載，大致上還算符合。雖然以今日角度看，《美濃國諸舊記》記載並不正確，不過筆者認為該書仍有一定程度的事實，像是長井規秀的家世為北面武士這點頗為可信；再者，從今日岐阜市常在寺珍藏日

北面武士（ほくめんのぶし）

也稱為「院北面」，為「院的北面武士」之簡稱，由於駐地位在上皇院邸的北面而稱之。創始於十一世紀末的白河法皇（院政全盛期的代表人物），是院的直屬兵力，主要目的是防止寺院（特別是南都興福寺和北嶺延曆寺）強訴（以強硬的手段如動員僧兵向對方傳達訴求）。平時警戒院的四周，上皇行幸時隨侍在車隊之後。下轄龐大的武士團，河內源氏嫡系源為義．義朝父子，源義國及其子義康（足利氏之祖），伊勢平氏嫡系平忠盛．清盛父子都出身北面武士。可再細分為上北面和下北面，上北面由官階四位者擔任，下北面則由五至六位擔任。

一一五六年七月，以鳥羽院駕崩為契機，崇德上皇和後白河天皇為皇位繼承問題而兵戎相見。原本應該效忠上皇的平清盛臨陣倒戈到後白河天皇，決定「保元之亂」的結局，北面武士的力量從中可窺知一二。三年後的「平治之亂」，平清盛率領北面武士剷平源義朝及其黨羽，終結專政近三百年的藤原氏。鎌倉時代，後鳥羽上皇討幕失敗（承久之亂），院的勢力大大削弱，北面武士也隨之黯然失色，不再有主導歷史的權力。

本全國僅有的齋藤道三・義龍父子畫像（日本國指定重要文化財）這點，正好可與《美濃國諸舊記》相呼應，這座寺院與齋藤氏（或長井規秀的本家）之間實有深遠悠久的因緣。

在上述的記載裡，較易忽略但是對道三父子盜國佔有舉足輕重的影響因素，筆者認為是日蓮宗的信仰。

❖法華經的行者・日蓮

日蓮宗又名「法華宗」，創教者是鎌倉時代中期的宗教家日蓮上人（一二二二～八二）。日蓮上人出生於安房國長狹郡（千葉縣鴨川市），據《善無畏三藏抄》所載，是「片海（沿海）石中的賤民之子」。日蓮十二歲於家鄉附近的天台宗清澄寺（千葉縣鴨川市）出家，廿一歲赴比叡山延曆寺精研天台教義，此後十餘年的遊學經歷對其日後排斥佛教各宗各派、創立認為唯有《法華經》（即《妙法蓮華經》）為大乘佛法最殊勝的日蓮宗不無關聯。

一二五三年，結束遊學的日蓮返回清澄寺，四月廿八日，登上山頂對著旭日朗誦「南無妙法蓮華經」十次，然後進入寺門對著昔日恩師及僧眾宣布自己創立日蓮宗法門（這一天被信徒奉為日蓮宗成立的日子），並自稱為「法華經的行者・日蓮」。

翌年，日蓮上人離開清澄寺，前往鎌倉傳教佈道。他每天站在鎌倉街頭說法，並誦讀《法華經》，希望能吸引過路民眾的興趣，但實際成果只有收到大弟子——原為天台宗信徒的日昭。

一二五七到五九年，日本全國陷入饑荒，鎌倉發生大地震，先有洪災，然後是饑荒造成疫病流行。幕府對此束手無策，只是下令全國僧侶誦經修法，向神佛祈禱做法事。日蓮上人卻認為唯有民眾放棄信仰邪法、惡法的淨土宗別無他法。

一二六〇年七月，三十九歲的日蓮上人將他的第一部作品《立正安國論》呈獻給退位的前幕府執權北條時賴，這是日蓮上人生涯中首度向執政者勸諫（生涯共三次），但他帶有恫嚇的勸諫，當然不會被幕府接受。一二六一年五月，幕府決定對日蓮上人做出處分以回應前年上呈《立正安國論》，處分為流放伊豆。

日蓮上人在伊豆半年，因第六代執權北條長時之父重時死去而得到赦免，重返鎌倉，之後幾年在關東打下日後日蓮宗的根基，也得到幾位地頭以及不少武士的皈依。日蓮上人在這段期間似乎有意自立宗派，但是他仍自稱「根本大師門人」（「根本」指的是延曆寺的根本中堂，代稱傳教大師最澄），然而已開始將抨擊對象指向和天台宗有密切相關的真言密宗。

一二六八年，蒙古大軍即將入侵的消息很快傳遍整個日本，日蓮上人預言的「他國侵逼難」成真，於是一二六八年十月，日蓮上人分別向幕府執權北條時宗等及臨濟、真言、律、淨土等宗派寺院共十一處呈遞書信，警告如再不破除邪法、接受法華信仰，日本將會招來蒙古入侵，此即有名的「十一通御書」，其中提到有名的四句格言：念佛無間、禪天魔、真言亡國、律國賊。

過於偏激的言論，讓日蓮上人再次被處以遠流罪（外島佐渡），文永之役（一二七四）當年二月再度得到赦免，準確預言蒙古入侵的上人對幕府而言，應該很有安定民心的作用，因此得到北條時宗的召見。

趨附主政者其實是推廣教務的大好機會，但是耿直剛毅的上人毫不妥協，最後決定退隱山林。日蓮上人離開鎌倉之後來到甲斐國身延山（山梨縣南巨摩郡身延町）接受信徒地頭幕府御家人波木井實長的資助，搭建名為久遠寺堂宇，在這裡讀經、傳道和著述直到圓寂，身延

日蓮上人說法圖

山久遠寺遂成為日蓮宗的總本山。

❖藉日蓮宗之力盜美濃之國

日蓮上人圓寂前指定日昭、日朗、日興、日向、日頂、日持六大弟子負責之後日蓮宗的傳教活動，門徒稱這六大弟子為「六老僧」，之後日蓮宗是以這六個弟子為中心而運作。日蓮宗的特徵在日蓮上人身上表露無遺：排他性強、宗派內有很強烈的團結力、對法華信仰毫不懷疑。

與長井規秀父子有深刻因緣的京都妙覺寺屬於六老僧中日朗的門徒日像建立的佛寺，與本圀寺（京都市山科區）、本能寺（京都市中京區）同為日蓮宗在京都的重要寺院。美濃常在寺與妙覺寺是本末寺（猶如總公司和分公司）的關係，我們可以這麼猜測：長井規秀父子在「盜國」美濃的過程中，憑藉同為日蓮宗門徒的鷲林山常在寺住持層層牽線，得以結識美濃守護的主要家老，培植勢力待最後時機成熟一舉拿下美濃！這是有計畫的盜國，美濃戰略地位的重要性固然是規秀父子的考慮選項之一，藉由同宗門之誼取得信任恐怕才是他們選擇美濃的最主要原因。

好！清楚規秀父子與日蓮宗的淵源以及日蓮宗的性質後，可以理解規秀父子「盜國」美濃的主因是出自地緣關係而非戰略考量，接下來開始談談與長井規秀息息相關的美濃守護土岐氏。

承　賣油郎搖身一變成家督

❖美濃守護土岐氏

土岐氏為清和源氏後裔，在眾多源氏系統中清和源氏不僅最富盛名，也最有成就，是十二世紀末到十九世紀中葉日本歷史的主角。

九六〇年左右登上歷史舞台的源滿仲，歷任武藏、越後、越前、伊予、陸奧、攝津等國國守，此外還是左馬權頭、治部大輔、鎮守府將軍，得意官場。他有三個兒子，其中長子賴光為後來攝津源氏之祖，分支為美濃源氏，即室町時代美濃的主人土岐氏。

源賴光早年經歷不詳，他繼承父親滿仲培植的地方武士團，以此做為攝政太政大臣藤原道長的後盾，因此得到道長對長年來在背後為自己的飛黃騰達無怨付出的這位股肱給予破格待遇。

源賴光之子賴國受封為美濃守，他有眾多兒子，繼續將攝津源氏的血脈擴散到日本各地。賴國的曾孫光信時以土岐郡（岐阜縣土岐市、瑞浪市、多治見市）土岐鄉為領地，遂以土岐為新姓氏。

從賴國之子國房起，歷經光國、光信、光基，皆為捍衛宮廷的「北面武士」，同時又是維持京都治安的檢非違使。如此深受朝廷信任的土岐氏在鎌倉時代北條氏統治下，卻只是美濃國土岐郡豪族而已，蓋因北條氏對源氏血緣深為忌憚之故。

土岐氏在鎌倉時代採用將庶子分封到各地以

鞏固本家的做法，據說分支超過一百二十家，光在美濃境內就有明智、竹中、金森、仙石、蜂屋、妻木、多治見諸家等土岐氏庶流，同樣都以桔梗做為家紋。由此可看出，若能攏絡土岐家及其分支勢力，便足以安定美濃，因此儘管美濃守護由北條氏擔任，代官（類似室町時代的守護代）一職卻不得不給予土岐氏，不借重土岐氏在美濃的威望，光是美濃守護的虛名很難實質控制美濃。

美濃形勢圖

一三〇五年四月廿三日的嘉元之亂，導致土岐氏當時的家督定親受波及遭到廢黜，改由其弟賴貞繼承。土岐賴貞雖意外當上家督，但是他非但不對北條氏心存感激，反而等待推翻北條氏統治的時機，這個時機終於在一三二四年降臨。矢志倒幕的後醍醐天皇派出心腹日野資朝、日野俊基來到美濃時受到土岐賴貞熱烈歡迎。土岐賴貞認為若能推翻北條氏政權，勢力遍及美濃的土岐氏鐵定能當上美濃守護。其後儘管後醍醐天皇一試再試，最後仍遭幕府流放到隱岐。

土岐氏家紋

雖說土岐賴貞也在後醍醐天皇討幕的第一時間起兵響應，卻似乎沒有成為幕府軍討伐的對象，有可能是土岐賴貞只是做樣子給朝廷看。到足利高氏於一三三三年四月廿九日於丹波篠村八幡宮掀起反旗，賴貞才正式追隨高氏，舉兵與幕府對抗，想必在這段期間土岐氏已經仔細評估何者才有平定天下的器量。然而此時賴貞已經六十三歲，衝鋒破敵的任務於是交由兒子們執行。

❖土岐賴貞押對寶

賴貞眾多兒子中尤以六子（一說七子）賴遠最為驍勇，與《西國篇・尼子經久篇》中提到的佐佐木佐渡判官道譽都是「婆娑羅大名」代表人物（此外還有足利尊氏的執事高師直）。賴遠在高氏帳下屢立戰功，北條氏滅亡後，高氏奏請朝廷，將土岐氏百餘年來念茲在茲的美濃守護一職賜給土岐賴貞。日後足利尊氏與天皇分道揚鑣時，土岐氏同樣選擇追隨保全武家利益的尊氏，結果是兩百多年的室町時代代代世襲美濃守護。

說到土岐賴遠，《太平記》對他的記載主要有二，其一筆者在〈津輕為信篇〉已有提及，即一三三八年一月初青野原之戰，一馬當先以一千騎迎擊當世唯一兩度擊敗足利尊氏的南朝股肱北畠顯家的五十萬大軍（《太平記》的戰役部分對軍隊數量有明顯誇大的記載）。賴遠雖然排行第六（或是第七），但是土岐家成員中，屬賴遠對尊氏創業過程出力最多，在尊氏的默許下賴遠扛下土岐氏家督重責，由這點來看，足利尊氏對土岐賴遠是有所期待。只是土岐賴遠辜負尊氏對他的期待。

《太平記》記載，一三四二年九月三日，飲酒狂歡夜歸的土岐賴遠，在樋口小路（萬壽寺通）路口遇上退位的光嚴院所坐的牛車，竟然搭弓朝上皇的牛車射去。儘管尊氏愛惜賴遠的將才，有意讓土岐氏成為室町幕府的重鎮，但是賴遠的舉止已經引起「朝廷」（指北朝）不滿。十二月一日做出判決，將土岐賴遠於六條河原斬首，但處分止於個人，不牽連家族。之後的美濃守護由其兄賴清之子賴康繼任，此後直至賴藝，歷代美濃守護都出自土岐賴清的世系。

❖土岐氏的全盛期

繼土岐賴遠之後的賴康，在室町時代迎來土岐氏的全盛期。記取賴遠的教訓，賴康對光嚴院和朝廷異常恭謹。當南朝碩果僅存的老臣北畠親房，命楠木正儀（正成三子）、北畠顯能（親房三子）領軍攻下毫無防備的京都時，留守的尊氏之子義詮倉皇逃至近江。

土岐賴康在京都巨變後將義詮迎至美濃，並慫恿他擁立光嚴院的第二皇子彌仁親王（後光嚴天皇）為帝以安定人心，以美濃境內的池田郡（岐阜縣揖斐郡）做為新帝臨時行宮。三月，北朝幾位有力守護大名以及土岐賴康等兵力集結於美濃，攻向京都，於京都西南方的男山八幡（石清水八幡宮）擊退南朝，斷絕南朝收復京都的心願。

足利尊氏感激之餘甚至說道：「土岐家如果絕後，足利家也該斷絕。」尊氏為了證明並非隨口說說，先是授予賴康尾張守護，之後又提拔為雖無實權但為榮譽職的幕府評定眾，使土岐家的家世在室町幕府裡僅次於三管四職。一三五八年尊氏逝世後，接替的義詮即位後不久就授予賴康伊勢守護，任何奧羽、關東、東海地方的守護大名，想要上洛都得經過土岐賴康的領地。

義詮英年早逝，其子春王（義滿）十一歲沖齡即位，由蠻橫跋扈的管領細川賴之為其元服的烏帽子親。一三七九年，斯波義將、土岐賴康等人逼退賴之的管領職務，改由斯波義將出任管領，到一三八七年土岐賴康病逝為止，屬於斯波派的土岐氏地位始終穩如泰山。

土岐賴康無子，後繼者侄子康行與其弟滿貞在有意弱化守護大名權勢的義滿刻意分化下，彼此的不滿和猜忌愈來愈深，最後土岐滿貞於一三八九年呈報幕府說康行有反意，此舉正中義滿下懷，於是興兵討伐，此為「土岐康行之亂」。

亂事一年後平定，之後美濃守護改由賴康六弟賴忠及其子嗣繼任。土岐康行意外並未被處死或流放，義滿允許他擔任北伊勢守護，並將姓氏改為「世保」，表示土岐康行不再有土岐本家的身分。世保土岐氏在北伊勢的統治維持三代約四十年時間，之後北伊勢守護改由一色氏世襲。

此後土岐氏領地由原本三國守護超過百五十萬石領地萎縮成只剩美濃一地約五十餘萬石，在往後的歷史直到被蝮蛇道三取代為止幾乎毫無作為。

❖開守護代下剋上風氣之先

雖然有康行兄弟相爭而致領土縮小的前車之鑑，土岐家在應仁之亂後依然數次陷於蕭牆之禍，最終因家督爭奪導致領地為外人所奪。第六代美濃守護土岐賴益病逝後，長子持益年僅九歲，於是家臣推派賴益時期拔擢的國人眾齋藤氏為守護代，首任守護代齋藤利永以稻葉山城（岐阜縣岐阜市）做為居城，美濃守護土岐

齋藤氏家紋

氏的居城則位於川手城（也稱為「革手城」，岐阜縣岐阜市）。

到齋藤利永晚年，美濃守護已為他架空，土岐持益也被迫隱居，之後實際掌權者為守護代齋藤氏。當時的美濃守護是第八代土岐成賴，被軟禁在川手城外的禪寺，守護代則為齋藤利藤（法號「妙椿」），是個不輸越前守護代朝倉敏景（「天下第一的極惡人」）的狠角色，這兩位守護代讓「下剋上」風氣開始從守護代蔓延開來！

土岐成賴晚年決意立四子元賴為繼承人，齋藤妙椿的接班人齋藤利國（法號「妙純」）卻堅決擁立成賴長子政房。於是守護底下以守護代為首的家臣團，各以擁立有土岐家血緣的世子們為幌子，互相進行權力的角逐與政敵的排除。由於四周毗鄰勢力眾多，牽一髮很難不動全身，除信濃、飛驒外，美濃周遭鄰居都沒有缺席這場角逐。

朝倉氏家紋

「船田合戰」於一四九六年三月落幕，齋藤妙純支持的土岐政房獲勝，成為第九代守護。妙純於之後趁勢討伐船田合戰土岐元賴的盟友六角高賴時與其長子利親陣亡，長孫勝千代繼位，元服後改名利良。齋藤利良無子，為免死

美濃守護代齋藤妙椿畫像

後家族斷絕，他後來的主君讓一位家臣繼承齋藤家——赫赫有名的齋藤道三是也。

齋藤家在妙純死後勢力迅速式微，由齋藤氏的家臣、美濃另一位小守護代長井長弘取而代之，齋藤道三最初是他的家臣。蝮蛇「盜國」的相關人物至此大致備齊，欠缺的最後一人在船田合戰結束後五年出生，四十多年後成為蝮蛇「逼宮」的主角：土岐家在美濃的最後一任主人土岐賴藝。

土岐政房曾經歷繼承人競爭之苦，照理說應該記取教訓，然而「人類從歷史得到的唯一教訓就是人類從不曾在歷史中得到任何教訓」的通則使然，政房依舊讓歷史重演。政房長子賴武（又名政賴、盛賴）是第一順位，守護代齋藤利良是支持者。而政房鍾情的次子賴藝，身邊當然早早聚集一群想藉擁立而攬權的家臣，如小守護代長井政弘。

一五一七年雙方開戰，擁立賴武的齋藤利良獲勝，落敗的賴藝逃往尾張。翌年藉由美濃國內支持的勢力再與賴武開戰，這次賴藝獲勝，賴武逃往越前，就在賴藝志得意滿前往川手城就任守護時，幕府突然強行介入，指定賴武為第十代美濃守護，賴藝不得不退回居城鷺山城（岐阜縣岐阜市）當他的「鷺山殿」。

❖無功先受祿：蝮蛇崛起

一五一九年六月政房病逝，賴藝並未對失之交臂的美濃守護斷念，支持者小守護代長井政弘覺得賴藝身邊欠缺一名出色的謀士，於是開始在美濃境內物色。曾在鷺林山常在寺修行，人稱「智慧第一的法蓮房」、又與長井利隆有關連的長井規秀自然浮上檯面，只是從目前的資料不清楚被徵召至政弘底下的是父親新左衛門尉或是規秀本人。如果時間是在一五二三年（有一說認為在此之前），正值三十歲的規秀可能性較大。

長井新左衛門尉（或長井規秀）出仕長井家立下何等功勞，目前並無明確資料佐證，然而規秀在很短時間便在長井利隆薦舉下，得到長井政弘准許繼承其家臣西村家的領地、俸祿及部屬，名字也因此改成西村勘九郎。這雖非長井規秀生涯首度更名改姓，卻是第一次擁有領地、俸祿及家臣。

西村氏的由來雖不清楚，不過很有可能是長井氏分支，而長井氏是齋藤氏的分家，長井規秀的遠祖雖說是「北面武士」，實際上只是尋常平民，政弘此舉無異是讓規秀成為長井家的家臣，再讓規秀以長井家家臣身分成為土岐賴藝的謀士。不僅政弘要借用規秀以鞏固在土岐賴藝身邊的地位，賴藝也需要借用其智慧當上美濃守護。

得此良機，長井規秀尚未立下實質功勳便從一介賣油郎搖身變成長井政弘的家臣西村氏的家督，也繼承西村氏在本巢郡輕海村（岐阜縣本巢市）的領地及其居城輕海西城（岐阜縣本巢市），儘管只是一座不起眼的城。此一經歷在戰國時代雖非絕無僅有，但絕對算得上鳳毛麟角。

❖鷲山殿以側室當禮物

土岐賴藝重用長井規秀並不是因為信任其才能，而是要借用其智慧幫他討回應得的美濃守護。區區鷲山城城主身分的他也拿不出奇珍異寶，於是使出極為罕見的手段：將自己的側室當做禮物餽贈規秀。

賴藝的側室據說名為深芳野（或寫作「三芳野」，讀音皆相同），是被細川藤孝消滅的一色氏家督義道的祖父（或曾祖父）義清之女。一個是家道沒落的幕府四職，一個則是家道沒落的清和源氏嫡系，比起正室，土岐賴藝和側

與齋藤氏大有淵源的常在寺／網友月翔提供

室深芳野更是家世匹配。但是為借用長井規秀的智慧，土岐賴藝慨然將側室賜給規秀，時間在一五二六年，由此可見他對美濃守護一職的渴望。

大概從這時候開始，規秀之父長井新左衛門尉的「盜國」重責轉移到規秀身上，雖然依照現有資料無法確定長井新左衛門尉此時是否健在，長井規秀的重要性已不容忽視。

一五二七年六月，深芳野為規秀生下一子，取名豐太丸，即日後的左京大夫義龍。或許受到日後歷史影響，不少戲劇家、小說家和後人認為豐太丸是土岐賴藝令深芳野受孕後才「轉贈」給規秀。前面有言，〈六角承禎條書寫〉是六角義賢為其子針對齋藤義龍做出的身家調查報告，如果義龍確實為賴藝與深芳野之子，調查報告應該不會隻字不提，更不會出現「……惡逆血緣，與之結緣豈能長久哉？」的字眼。

關於義龍並非土岐賴藝之子的證據，後面提到長良川之戰時會列舉更進一步的佐證。

❖川手城裡的逼宮戲碼

一五二七年八月，土岐氏的居城川手城裡上演「逼宮」戲碼：土岐賴藝對家督賴武發動的叛變，真正的執行者是長井規秀；更正確地說是長井規秀和長井政弘（或利隆）鼓動優柔寡斷的賴藝硬起來逼宮。規秀帶著五千五百兵力從同為今日岐阜市境內的鷺山城急行軍到川手城，依現今對戰國時代城池規模所作的推測，想必有部分兵力是透過規秀或政弘的拉攏、勸說才加入。

土岐賴武畫像

然而長井規秀先行進入川手城後，發現第十代美濃守護土岐賴武絲毫感受不到周邊的肅殺氣氛，依舊好整以暇欣賞從京都請來的舞蹈團體「白拍子」，等到發覺時才倉促聚集約兩千兵力作困獸之鬥。結果川手城陷落，賴武逃竄至越前依附正室的娘家朝倉氏。經過十年漫長等待，土岐賴藝終於成為美濃的主人，這年他廿七歲。

土岐賴藝掩不住興奮之情進入美濃守護所在的川手城，一段時間後卻覺得這座城不夠安全，於是將居城遷到北邊深山中的大桑城（岐阜縣山縣市）。當時城廓所在地已逐漸從山城轉為平山城和平城，平山城和平城雖有不利防禦的缺陷，但優點是交通便利、腹地廣大、便於發展城下町熱絡經濟，若在主城附近築支城用以防衛，缺點甚至可以轉化為優點。捨棄位在平原的城將自己困守在山中，因此海音寺潮五郎說這「證明賴藝是個凡庸至極的大名」。

土岐賴藝當下賜予長井規秀領地本巢郡中不屬於他的祐向山城做為居城。由於土岐賴武逃向北邊的越前，此舉即有萬一日後賴武在越前勢力的簇擁下返回時，規秀必須負起美濃第一防線的任務，代表賴藝對他的看重已超過長井政弘。

長井規秀出仕土岐家不過數年，升遷速度之快卻無人能及，使得原本的上司長井政弘及其一族如利隆、藤左衛門利安備感威脅。久而久之，因規秀竄起而利益受損的人也漸漸聚集到長井氏身邊，包含土岐賴藝的三個弟弟：揖斐五郎光親、鷲巢六郎光敦、土岐八郎賴香。他們對規秀既眼紅又忌妒，礙於規秀是賴藝身邊的紅人，不便公然除去，藤左衛門利安於是想出暗殺規秀的計畫。

暗殺是一種非常手段，「沒有任何暗示，也不發警告，突然襲擊，或者以使用詭計殺害他人者」。在封建或威權時代，暗殺是除去政敵的好方式；會主張以暗殺完成歷史任務的人，通常更是在暗殺事件後的最大獲益者。暗殺之所以令人唾棄，除手段兇殘、行為卑劣外，未必能讓現狀變得更好恐怕也是主因。

❖避過暗殺，佈局盜國

參與暗殺計畫的人愈少、耗費的時間愈短，成功的機率就愈高，這是放諸四海皆準的暗殺法則，可是藤左衛門等人卻一再延誤，使暗殺計畫為規秀得知，並立即先發制人予以反擊。有鑑於長井氏勢力如百足之蟲，眼前不如先解決對自己最不具好感的藤左衛門，規秀很快便擬定對策，要狙殺的只有藤左衛門一人。明斷果決，當機立斷，不僅是一位出色領導人不可或缺的特質，也是梟雄必備的亂世生存術，這點規秀與他未來的女婿信長相比毫不遜色。

大約在一五二九年年底到翌年初，長井規秀向土岐賴藝控訴長井藤左衛門利安有叛逆的企圖，請求賴藝下令由自己討伐。這正是規秀高明之處，如果只是因為藤左衛門有暗殺自己的意圖而先下手，難免予人私鬥的印象，也會讓未能徹底剷除的長井氏有反撲的口實；但如果是主君的命令，規秀的角色就轉變為貫徹主君意志的執行者，可以淡化長井氏對他的怨恨。

規秀的策略奏效了，他只讓賴藝將藤左衛門一家定位為叛逆並將之暗殺，目的是希望小守護代長井政弘保持中立。政弘果然沒有出兵，然而規秀最大的失算是：小守護代似乎有不少家臣聲援藤左衛門族人，勢力超出規秀預期。他們向不大過問政事的賴藝要求引渡規秀。身為守護，賴藝哪能容忍家臣全副武裝前來居城要求自己交出親信任其宰割？何況又是執行自己的命令，等於是代己受過。最後協議規秀剃度出家，這件事就此揭過。

這樣的處置對規秀不痛不癢，他早在二十多年前就已出家，剃度對他而言並無約束力，只不過讓他有機會修正檢討這次行動的敗筆處，為日後更大的「盜國」計劃佈局。

這次事件後，長井政弘不知去向，有一說認為他也遭到規秀的暗殺，長井家幾位重要人物像政弘、利隆、藤左衛門利安，不是遭到規秀殺害就是下落不明。

規秀將長井家當成戰利品，向主君土岐賴藝要求由自己繼承長井家，於是規秀成為長井、西村兩家的家督，長井規秀這個名字從這時起開始出現在長井家文書。規秀此時（一五三三年）約四十歲，正式從父親新左衛門尉接下家督位置，理論上應該不可能到這年紀才成為家督，小和田哲男教授推測，有可能指新左衛門尉完全放下權力或是在這年死亡，如公卿三條西實隆的日記《實隆公記》便記載規秀之父死於此年。

轉 犧牲一時尊嚴，迎接最後勝利

❖拉攏豪族明智氏

雖是土岐賴藝之下數一數二的實力派，長井規秀認為自己在美濃境內過於孤立，有必要拉攏境內豪族倚為後盾，他看上的是位在美濃、尾張、三河交界處附近，勢力為東美濃之冠的可兒郡明智庄（岐阜縣可兒市，亦有一說是惠那市）的明智氏。

說到明智氏，讀者想必不陌生，以「敵在本能寺！」一詞讓織田信長於「天下布武」大業中途倒下的惟任日向守明智光秀便出自此家；幕末斡旋薩長同盟、提出「船中八策」成為明治維新藍圖的土佐豪傑坂本龍馬，似乎也與明智氏有所關聯。

以今日資料看來，合理的說法是規秀將明智氏的勢力納入直屬部隊，為長久以來在明智庄這塊並不富裕的領地辛勤耕種的明智氏提供生活保障，並從以農耕為主的國人眾提升為半農半耕的小守護代直屬部隊。

收編明智氏，意味著將東美濃的豪族一網打盡，為進一步與東美濃締結更深刻的關係，規秀娶明智氏家督之妹為妻——在《國盜物語》裡稱為那那姬，正式名稱為「小見之方」。規秀雖在數年前接受土岐賴藝的贈妾深芳野，正室之位卻始終空缺，將明智氏納入自己勢力之後，才以那那姬為正室。一五三五年左右那那姬為規秀生下一女，此即為有「尾張大傻蛋」之稱的信長正室歸蝶，因此光秀與歸蝶是堂兄妹關係。

身分改變的規秀從西村氏居城祐向山城遷徙至加納城（岐阜縣岐阜市），在美濃的順位只次於守護土岐氏、守護代齋藤氏，美濃守護寶座不再遙不可及。

❖屍體堆疊出來的三家督

一五三八年九月（一說為三六年春），美濃守護代齋藤利良病逝，沒有直系繼承人，小守護代長井新九郎規秀奉土岐賴藝之命繼承守護代齋藤家，於是長井規秀將名字改為齋藤山城守利政，齋藤氏家督身兼山城守與左京大夫兩個官職。未幾再改名齋藤左京大夫秀龍，這是規秀出家前最

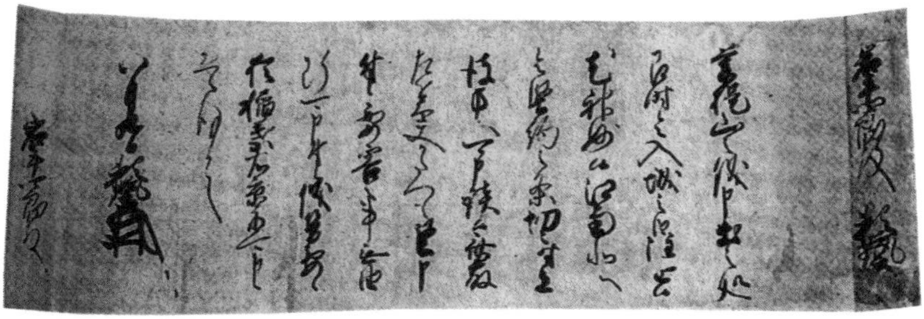

土岐賴藝書狀

後一個俗世姓名。

從一五二一年起，十七年之內規秀先後繼承的西村氏、長井氏和齋藤氏，是構築在西村三郎左衛門、長井利隆、長井藤左衛門利安、長井政弘、齋藤利良等人的死亡上，以此脈絡觀之，長井規秀很難與齋藤利良的死亡劃清界線。

長井規秀繼承齋藤家的理由是土岐賴藝不忍讓美濃名門齋藤家絕後，這種舉動在戰國時代，甚至日本相當常見。這些斷絕直系血源的氏族在地方上有一定的影響力，安插心腹到地方上繼承名門，一來可提升心腹地位，使其對主君感恩，二來可接收名門在地方的影響力及領地，三來對有

崇拜家世傾向的地方民眾而言，名門傳承讓他們有安定感。

自平安中期以來，齋藤氏已經存續六、七百年，比大部分武家氏族更悠久，因此主君土岐賴藝讓規秀入嗣繼承以延續香火，除有中國古代「興滅國，繼絕世」的政治風範外，更有強化對領地控制權這一實質利益。

❖繼承齋藤家，著手造新城

齋藤利良其實有個五歲遠房堂弟可以入嗣繼承，這個人選在他死後被規秀強迫出家，凸顯出齋藤利良不尋常的死因。規秀死後，這位始終待在佛寺裡、有齋藤家血緣的男童終於為規秀之子義龍所用，義龍並不介意這位已經長大的齋藤家後裔恢復原姓，於是一位名叫齋藤利三的武將出現。

隨著義龍的早逝，利三周旋在美濃、尾張的勢力圈，實力卓越的他成為雙方爭取的對象，然而利三選擇規秀正室娘家的明智惟任日向守光秀做為終生效命的對象。齋藤利三曾痛斥光秀本能寺之變是無謀的莽撞叛變，可是山崎之戰利三卻是光秀陣營表現最為勇猛的人，以致最後遭到殺害。

繼承齋藤家的規秀，做了兩樣變革，一是在原本齋藤家的家紋「撫子」之外另增加「二頭波」（歷代【信長之野望】系列都是這個家紋）新家紋。其次，規秀將居城遷徙到齋藤氏據點稻葉山城，加上其他已有的輕海西、祐向山、加納三城，實力已凌駕土岐賴藝及其他豪族之上。

稻葉山城早在鎌倉時代由鎌倉幕府十三人合議制成員之一二階堂行政於一二〇一年建造，至其孫以城名為新姓氏，誕生了美濃有力豪族稻葉氏，戰國時代成為護衛南邊美濃守護居城川手城的衛星城。此城位於規秀早年出家的常在寺東邊的稻葉山上，北倚長良川，難攻不落，規秀恐怕是看出稻葉山城真正戰略價值的第一人。

做為「盜國」據點，規秀實地探勘，決定擴展稻葉山城的規模，將其建築為有三層本丸，規模超越守護大名的巨城。為此他找來尾張熱田神宮的宮大工（修補神社佛閣的木匠）岡部又右衛門這位建築神社佛閣的天才。岡部家世代承襲又右衛門這個名字，電影《火天之城》西田敏行飾演的岡部又右衛門，是此時幫規秀擴展稻葉山城的又右衛門之子。

經過岡部又右衛門的修繕後，稻葉山城防禦度大增，加之位在稻葉山上，更添進攻難度。從日後規秀的女婿織田信長在進攻稻葉山城過程中吃足苦頭，宮大工岡部又右衛門的築城功力著實令人嘆為觀止。

加強稻葉山城的防禦力量後，身兼西村、長井、齋藤三家家督的長井規秀，同時掌控東美濃以明智氏為首的豪族，已有足以與土岐賴藝一搏的本錢。該是與主子賴藝徹底攤牌的時候了。

❖與賴藝徹底攤牌

一五四一年，長井規秀再次施展計謀毒殺土岐賴藝之弟賴滿，並假借賴藝之手起兵驅逐前美濃守護土岐賴武之子賴秀（一說為賴藝長子賴榮）。賴秀並非省油的燈，他早有準備，一面抵抗規秀入侵，一面遣人向尾張下四郡的領有者織田信秀求援，織田信秀深知規秀詭計多端，單獨出兵恐無勝算，於是又向越前守護朝倉孝景（義景之父）、近江守護六角定賴要求一同出兵。

可是三家並非沒有隱憂：六角氏的控制範圍其實只有近江南部六郡，自室町幕府開府以來就由旁系京極氏管理北部六郡，此時有亟欲取

稻葉山城古圖

而代之的當地豪族淺井氏，也對自家構成威脅。在越前耕耘四代的朝倉氏，面對東邊佛教武裝勢力加賀一向一揆的威脅，真宗第十代證如法王光教成功整合北陸的真宗勢力，堪稱大敵。至於織田信秀，除尾張境內控有上四郡的本家織田信安外，還有業已蠶食半個三河的今川義元。

　規秀雖然沒料到賴秀竟有能力搬來三個大咖當救兵，卻不急於與之議和。三家雖想懲戒規秀，但各懷鬼胎，難有共識，只有草草和解匆忙引軍返回領地。此戰規秀雖是輸家但並無實質損失，更重要是得知土岐家的援軍無法一接受求援便立即派兵進入美濃，取代土岐家的決心益發堅定。這年六月甲斐武田晴信（信玄）在重臣擁戴下放逐無道的父親信虎自立，影響所至，即便昏庸如賴藝也已知曉規秀的狼子野心。

　一五四二年八月廿一日，長井規秀無預警出兵包圍土岐賴藝所在的大桑城，兵不血刃擒住最後的美濃守護。賴藝號稱「土岐之鷹」，並非形容他的勇猛，而是對他出神入化的繪鷹技

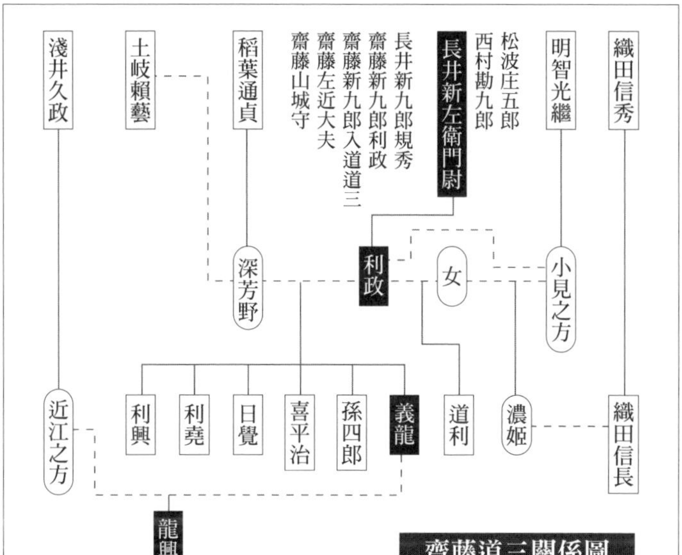

齋藤道三關係圖

巧的尊稱，然而過度沉迷繪畫消磨了他的雄心壯志，也減低家臣的敬畏與忠心，終於讓規秀有機可趁。

規秀並未殺害賴藝，只是將其逐出美濃。基於距離和血緣考量，土岐賴藝應該選擇投靠越前的朝倉孝景，但是他最後卻投奔尾張南部迅速竄起的織田信秀。從賴康起到賴藝被逐，土岐氏世襲美濃守護共九代兩百年的時間。

❖竊國者為諸侯

長井規秀長達廿二年的「盜國」至此結出最甜美的果實。在這段長久的時間裡不少人成為他晉升的踏板，管他是頂頭上或於規秀有恩，都一一成為他盜國的犧牲品，領教過道三手段的人，便為他取了鼎鼎有名「美濃蝮蛇」的外號。日本蝮蛇（*Gloydius blomhoffii*）是日本唯一的陸生毒蛇，據說幼蛇有咬死自己父母的習性，與規秀過河拆橋的行為不謀而合，取這一外號的人，想必從動物天性聯想到道三種種下剋上的行為。

美濃的歷史在長井規秀驅逐土岐賴藝後進入全新時代。以一無所有的身分到最後成為一國之主，在規秀之前只有伊勢新九郎長氏（第五篇的主人公北條早雲），與朝倉敏景（英林孝景）、長尾為景、織田信秀、松永久秀、宇喜多直家這些本身就是守護代或守護代家臣的竄起迥然有異。

莊子說：「竊鉤者誅，竊國者為諸侯，諸侯之門而仁義存焉。」（偷竊腰帶會遭殺害，偷竊國家的人反而成為諸侯，諸侯家裡所做的事都合乎仁義。）儘管這段話曾被曲解，但用來形容長井規秀的「盜國」，筆者認為應該比用在判決書更為恰當。

眼見規秀完成美濃「盜國」，朝倉、六角、織田三家不可能坐視，必然以恢復土岐家在美濃的統治為名，趁機出兵入侵美濃擴張領地。

其中尤以庇護土岐賴藝的織田信秀最積極，織田彈正忠信秀與織田因幡守、織田藤左衛門同為尾張守護代下四郡之主大和守家的家老，並稱「清洲三奉行」。信秀以其卓絕的能力收服其他兩家為自己的家臣，進一步取代主家大和守家織田彥五郎信友擁有整個下四郡。為完成整個尾張的統一，信秀必須繼續對上四郡用兵。上四郡地處美濃、尾張國境，守護代岩倉家以規秀為後援對抗信秀。

一個是戰鬥力接近滿點的「尾張之虎」，一個是擅長暗殺、計謀百出的「美濃蝮蛇」，終免不了正面對決，雖然規模小了點，但筆者認為「蝮虎對決」的激烈程度不輸給日後的武田信玄和上杉謙信。

織田氏家紋

如前所述，信秀與規秀在軍事上的衝突始於一五四一年，規秀最後以剃度出家做為三家退兵的議和條件（以下筆者開始以「齋藤道三」稱之）。第一次交鋒看似道三落居下風，實際上原本已剃度的道三並無實質損失。對弱小勢力而言，如何長久生存下去遠比一時尊嚴重要，道三的妥協麻痺了三家對他的防範，這是道三能於翌年八月驅逐土岐賴藝、盜取美濃的重要原因。犧牲一時的尊嚴是為了迎接最後的勝利。

❖信秀再度入侵美濃

齋藤道三趕走土岐賴藝的消息傳開到各國後，以庇護賴藝自居的信秀伺機聯合六角、朝倉的勢力再次入侵美濃。一五四四年八月，土岐賴藝向朝倉、織田乞兵（六角因為近江北部的京極、淺井聯軍入侵而無暇發兵）以對抗道三。朝倉孝景出一萬兵力由北國街道南下，十五日（依《美濃國諸舊記》）進入美濃與當地反道三勢力會合；織田信秀以尾張守護斯波義統的名義出兵五千（依道三家老長井九兵衛之書狀所載，三方兵力合計二萬五、六千，如此土岐賴藝約有兵力一萬人，不太可能）渡木曾川向北進入美濃，雙方將於八月中旬於金華山稻葉山城下會師。

收到六角定賴確定不會出兵的情報後，齋藤道三決定先對北邊的朝倉氏動手，趁朝倉軍於八月十五日在長良川北岸紮營過夜時大舉發動夜襲，堅持和美濃境內反道三勢力會合後再與織田軍包圍稻葉山城的朝倉軍終為道三所乘，顧不得要渡過長良川和信秀會師，連夜往北逃回越前。

少了朝倉軍助拳，信秀勝算並不高。然而以主君名義率軍出擊且已深入敵境，不打一仗便撤出美濃，有損主君斯波義統和自己的聲望，因此信秀於八月十八日集結尾張下四郡家臣、豪族的兵力後決定孤注一擲，渡過木曾川，道三得到消息後點兵七千前往木曾川埋伏以逸待勞。

當信秀自認快速行軍足以瞞過道三而略現得意之色時，道三赫然率軍殺出，剛渡河的織田軍遭到三面包抄頓時陣腳大亂，結果信秀折損過半兵力，再怎麼不服氣，也只得撤軍退回熱田神宮附近的居城古渡城（愛知縣名古屋市中區）。

信秀慘敗後不久，十二代將軍足利義晴出面調解朝倉、織田、齋藤三家。即便獲勝的道三不願就此罷手，看在將軍的面子仍不得不贊成將軍提出的議和條件：被驅逐的前美濃守護土岐政賴、賴藝兄弟重返美濃，分別回到原居城川手城與大桑城，賴藝依舊保有美濃守護的頭銜。在將軍斡旋的假象下，越前、美濃、尾張得到短暫的和平。

一五四六年，齋藤道三和朝倉孝景達成和

解，條件是土岐賴藝退隱，將美濃守護讓給兄長政賴之子賴純。賴純生母是孝景之妹，為確保美濃安定，道三將女兒嫁給賴純，賴藝的正室則為西邊近江守護六角定賴之女。美濃周遭未與土岐家結親的有：東北邊的飛驒和西南邊的伊勢都是豪族林立，談不上統一；東邊的信濃雖有武田晴信開始動手，但一時之間還談不上入侵美濃；唯一對美濃造成威脅的，只有南邊尾張的織田信秀。

❖蝮與虎的直接對決

土岐賴藝退隱後，大桑城讓給新守護賴純，自己則遷往揖斐北方城（岐阜縣揖斐郡揖斐川町）。事態

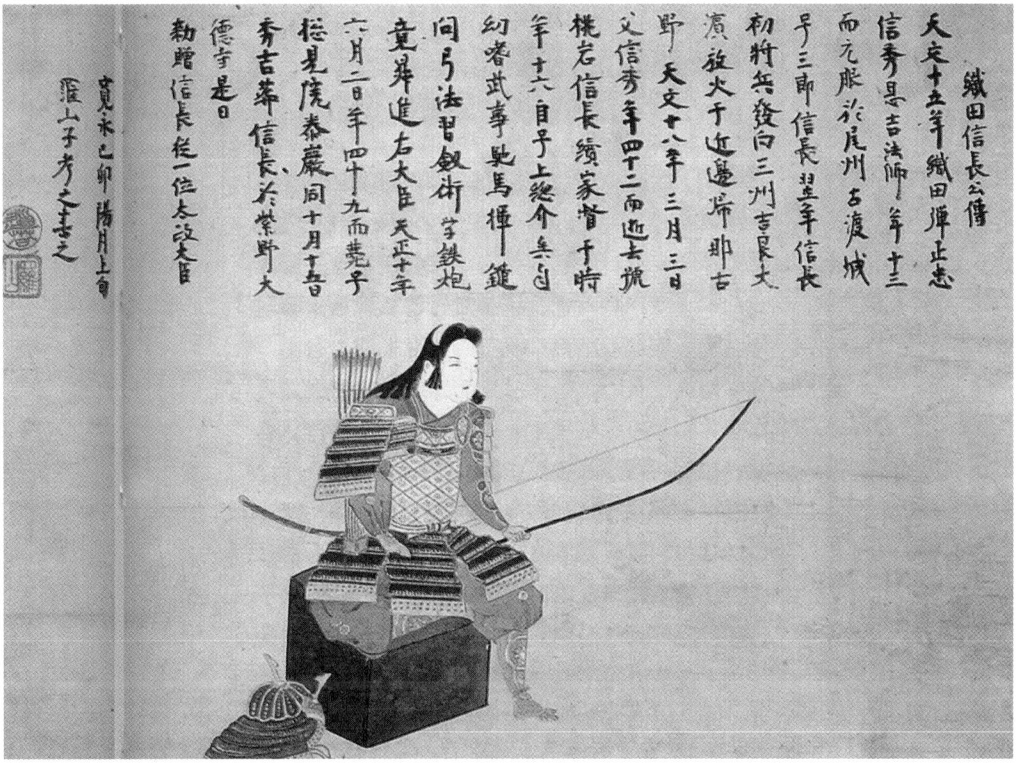

織田信長的初陣

至此看似告一段落，但信秀並不滿意，於是又興兵進攻美濃。朝倉孝景已經和道三和解，破壞現狀對朝倉並沒有好處，因此不響應信秀的計畫；六角定賴捲入足利將軍家與管領細川家的家臣三好長慶間的糾紛，加上近江北部豪族淺井氏日益壯大，抽不出兵力對美濃用兵。因此這次出兵美濃是蝮與虎的直接對決！

一五四七年九月三日，對美濃念念不忘的織田信秀在經過幾年厲兵秣馬後，率軍一萬餘（不同書籍有五千餘到二萬六諸說，此處取其平均值）朝齋藤道三所在的稻葉山城進攻，信秀去年剛於古渡城元服的嫡子吉法師信長亦在其中（信長早期參與的戰役規模中，此次是最大一役）。

信秀之前已先行攻下美濃境內的大垣城（岐阜縣大垣市），從大垣城前往稻葉山比尾張古渡城快上許多，更重要的是不需渡過木曾川，不會有涉水遇襲的風險，此為信秀避免重蹈覆轍的戰略。道三也知道若讓信秀從大垣城揮軍而來必定大大不利，因此立即做好部署，出兵大垣城。震懾於道三快速行動力的信秀，認為從古渡城出兵馳援大垣城恐無勝算，因此明知稻葉山城易守難攻，仍下令前往攻擊，可見在信秀的心中，蝮蛇道三遠比稻葉山城更令人畏懼！

當織田信秀整軍離開古渡城後，忽然傳來一個令他震驚的消息：上四郡岩倉家的家督織田信賢與織田彥五郎信友（推測此時信友應已過繼到大和守家且可能已當上家督）連袂入侵後防空虛的古渡城。這自然是齋藤道三的計謀，為的是要讓信秀疲於奔命以便爭取攻下大垣城的時間。

即將進入美濃國境的信秀，不得不折回古渡城，收拾能力平庸的兩人。信秀雖然獲勝，但是歷時半個月竟然還在古渡城原地不動，耗費糧食，士氣與體力耗損，還必須快馬加鞭趕在道三攻下大垣城之前趕到稻葉山城，根本是被道三玩弄於股掌之上。

師老兵疲的織田軍委實不應繼續進軍美濃，但對信秀而言，道三離開稻葉山城無形中讓攻城變得簡單許多，放過這次良機恐再無攻下的可能。

另一方面，道三發現大垣城兵力有限，在確認有攻下的把握後只留下少數兵力猛攻，讓其他部隊返回稻葉山城。再觀大垣城的織田軍這邊，盼了半個多月始終盼不到援軍，士氣當然低落。最後道三攻下大垣城時，信秀還未抵達稻葉山城，而且不知道大垣城已經失守。

九月廿二日，信秀軍一行終於來到稻葉山城下。為了提振士氣信秀在開戰前刻對全體士兵說道進攻美濃是順從天意，我軍有天神護佑加持，接著又說道：「齋藤道三目前人還在大垣城外，只要我們一鼓作氣一定可以攻下稻葉山城。」此話一出全軍歡聲雷動，士氣大振。

正當全軍上下沉浸在必勝的喜悅中，道三二頭波家紋的旗幟突然出現在稻葉山城，信秀怎麼也想不到道三此刻會在稻葉山城現身，如此驚人的行動力只能以鬼魅形容。主帥的言行舉止很容易感染部下，信秀對道三心懷畏懼，家臣及部下則更甚於信秀。

織田軍的戰意嚴重受到打擊，雙方在祭祀天神菅原道真的加納天滿宮（岐阜市）附近正面迎戰，道三方面兵力不清楚。這場「加納口之戰」（《岐阜市史》說一五四四年，《岐阜縣史》採四七年），據《信長公記》所載，織田家折損包含信秀之弟與次郎信康、織田因幡守（應該是彥五郎信友的生父達廣）、織田主水正、青山與三右衛門、千秋紀伊守季光、毛利十郎、毛利藤九郎、岩越喜三郎等武將，損失兵力五千餘人。天文年間（一五三二～五五）以前的戰國時代，單方折損五千兵力的戰役極為罕見，與其歸咎信秀莽撞武斷，不如說是道三戰略玄妙。

❖信秀道三握手言和

加納口之戰結束後，十一月十七日美濃守護土岐賴純亡故，年僅廿四（據《土岐家譜》所載享年四十九），死因不明，有可能又是道三的傑作，葬於大桑城附近的南泉寺。賴純無子，美濃守護於是由賴藝再度回鍋，素以賴藝保護者自居的信秀終於有理由與道三握手言和，未嘗不是好事一件。

今日愛知縣是由尾張與東邊的三河構成。當時三河最大勢力松平氏在年輕有為的領主松平清康於一五三五年十二月遭到家臣殺害（守山崩）後，繼任的嗣子廣忠年幼闇弱，無法有效統合國人眾。一五四〇年，織田信秀趁機攻下松平氏五代約六十年之久皆做為居城的西三河重鎮安祥城（愛知縣安城市），尾張、三河的邊境從此門戶洞開。

三河的東邊遠江，在室町初期與東鄰駿河皆為今川氏的領國，駿河今川氏第一代範國幫助足利尊氏起兵有功，得到駿河、遠江兩國守護職。範國長子範氏繼承駿河守護，是為第二代駿河今川氏家督（第九代為今川義元）；遠江守護則由範國次子貞世的子孫繼承，是為遠江今川氏。駿河今川氏在義元之父氏親時收復遠江，成為擁有駿、遠兩國的守護大名，到義元在位，與甲斐武田家結為姻親，除必須防範關東後北條氏的邊境騷擾，重心都放在攻略領土的西境上。

處在兩強夾縫中的松平家面臨國土東西境皆被侵蝕的情形下，很難維持獨立局面。評估形勢後，家中重臣建議主君投靠東邊的今川家較具勝算，如此一來今川家便會成為領有三國的大大名，兵力隨時可以越境到尾張。

今川義元智謀或許不如蝮蛇，但軍師太原雪

齋允文允武，加上可動員的兵力，對織田信秀的威脅並不輸道三，因此對信秀來說，將三河納入領地加上尾張下四郡，面對義元時才有自保的能力。

一五四七年八月，向今川義元一面倒的松平氏第八代家督廣忠，忍痛將嫡子竹千代送往駿府當人質，換取義元出兵驅逐入侵西三河的信秀。志在上洛的義元覬覦三河已久，讓廣忠交出人質不過是要松平氏聽命於己。但是理應送往駿府的人質在渥美半島被當地田原城（愛知縣田原市）主戶田康光（又名宗光，松平廣忠繼室之父）劫走，送往尾張。沒了人質義元很難調動松平的家臣，因此義元準備發兵進入三河進攻西三河要地安祥城。

今川氏家紋

當時安祥城由織田信秀長子信廣駐守，面臨今川的入侵，信秀挹注大軍支援安祥城。渡過尾張和三河的國界境川不久便是安祥城，再往東是信秀在三河領地的最東端矢作川。安祥城附近盡是兩川沖積而成的濕地，不利作戰，信秀想將軍隊開拔到岡崎城附近的小豆坂（愛知縣岡崎市）以便決戰，但遲了一步，今川義元已搶先一步佔領。

連年與齋藤道三征戰勝少敗多的信秀折損過多兵力，此役只派出四千兵力（加上安祥城若干守軍），地形與人力皆不利，信秀以信廣為先鋒，渡過矢作川來到上和田對上以太原雪齋為總大將、朝比奈泰能為副將的一萬餘今川・松平聯軍，開戰前勝負似乎已經底定。

❖八年宿敵結成兒女親家

一五四八年三月十九日，佈陣完畢的今川聯軍一舉往下衝向織田軍，全力迎戰但是不敵的信廣奮力殺出血路與信秀會合，擊敗人數較少的松平軍，但面對主力今川軍則被擊潰，渡矢作川退回安祥城。

五年多前，織田信秀曾於小豆坂擊退今川義元，當時造就所謂的「小豆坂七本槍」；曾幾何時，國力嚴重耗損的信秀不僅無力經營美濃，連三河這彈丸之地看來也保不住。難以兩面作戰的信秀因此決定與道三結盟，在家臣平手政秀的建議下，由嫡長子上總介信長與道三正室小見之方那那姬的長女歸蝶通婚，締結秦晉之好。

平手政秀來到稻葉山城提親，道三令人意外爽快地承諾，應該也有促成齋藤、織田兩家聯姻的意圖。奇怪的是《信長公記》對織田家少主的婚禮只以一句「平手中務（指政秀）撮合使織田三郎信長成為齋藤山城道三之婿，道三將女兒送往尾州」輕輕帶過，相較之下作者太田牛一反而詳盡記載幾年後的信秀喪禮。

信長、歸蝶的婚禮結束八年來蝮蛇與尾張之虎的對決，和信玄、謙信對決相似的，是沒有誰是真正的最後贏家，然而蝮與虎最後卻譜出結為兒女親家的喜劇，這點遠遠勝過信玄與謙信！

小豆坂之戰結束後翌年（一五四九）三月六日，廿四歲的松平家年輕家督廣忠死去，有關廣忠的死因普遍認為家臣岩松八彌所弒。然而大久保彥左衛門（忠教之子，忠世、忠佐的幼弟）撰述的《三河物語》中記載廣忠是病死（未記載何種病名），恐怕才是實情。

一直以來對三河採行間接統治的今川義元對此不免感到驚慌，如今能讓三河家臣甘願做牛做馬的王牌只剩一張，而這張王牌不巧在織田信秀手上，如果讓信秀挾持竹千代，三河一夕之間就會易幟為織田的木瓜家紋。因此義元下令重臣朝比奈泰能為岡崎城代，迅速率軍坐鎮岡崎城安定人心。

緊接著，十一月太原雪齋率領大軍進入三

河，以三河眾為先鋒準備進攻織田在三河的根據地安祥城。

安祥城守將為信秀長子信廣，兵力不詳，但最多應該就兩千上下，信秀大概提供不了太多支援。話雖如此，攻城戰仍讓今川軍造成不少損失，包括日後「德川四天王」之一的本多忠勝之父忠高陣亡。最終安祥城陷落，信廣遭到今川生擒，織田勢力被徹底逐出三河，信秀自一五三五年松平清康死後在三河十餘年的經營在安祥城失守後化為泡影，一切又回到只有下四郡的原點。

在美濃輸給蝮蛇道三，在三河又輸給「東海道第一射手」今川義元，為了贖回信廣，織田信秀不得不用竹千代和今川家交換。完成人質交換後竹千代便被送往今川家居城駿府當人質，松平家少主在駿府當人質，忠心無比的松平家臣自然不會變節，信秀挖牆角入侵三河的意圖宣告破滅。

十餘年來擴張所得領土盡失的沉痛重擊信秀的健康，一五五一年三月三日，織田信秀在末森城（愛知縣名古屋市千種區，一五四八年以後成為信秀居城，該城在古渡城東邊，從這可以看出一五四八年後對信秀而言今川成為比道三更迫切的大敵）染上疫病去世（亦有一五四九和一五五二之說），享年四十二歲。

合　半生機關算盡，換來不得好死

❖信長與歸蝶的婚姻

有「尾張大傻蛋」之稱的織田信長繼任為家督，時年十八歲。信長在兩年前的二月與蝮蛇的長女歸蝶完成一場政治婚姻，關於這場婚姻，部分讀者應該知道有這樣的逸話：

在歸蝶出嫁前夕，道三曾交給她一把匕首說道：「如果信長真是個笨蛋，那就用這把匕首殺了他。」不料歸蝶冷靜的回道：「這把匕首也很有可能反過來刺殺父親。」

道三嫁女兒原本就不安好心，這則軼聞或許出自小說家的編造，但未必就不是真實。可是對多數讀者而言，這則逸話是對歸蝶唯一的印象，原因在於她的存在感過於薄弱。歸蝶在與信長完婚後似乎就從歷史上消失，從現存的史料來看感覺不到與信長婚後的蹤跡。

一五五六年齋藤道三於長良川為長子義龍殺害後，有一說法是歸蝶也遭到殺害，然而是誰殺的？按理歸蝶當時人在尾張，如果遭到殺害只可能是信長所為。道三死後信長身邊重大政治事件只有信行的反叛，難道歸蝶是因為受到信行反叛的牽連才遭到信長殺害嗎？可能性應該不大，筆者認為一五五六年前後歸蝶應該還在人世。

另有一說是歸蝶在一五六一年齋藤義龍死後與織田信長離異，返回美濃。這種說法不無可能，信長與歸蝶原本就是政治聯姻，並無厚實的感情基礎，而且歸蝶並未為信長生下子女，離異的可能性是存在的。

當時女性一旦為夫婿離異，不是選擇出家大概只有回到娘家，所以返回美濃或是前往其他地方並非不可能，因此一九九二年大河連續劇《信長KING OF ZIPANGU》安排歸蝶與側室（即生駒吉乃和お鍋の方）因關係緊張，在胞兄義龍死後與信長離異，前往堺港在茶人今井宗久處學習與南蠻的貿易，到「本能寺之變」前兩個月才前往安土城與信長重聚。

又有一說是道三死後，歸蝶已無法維持搖搖欲墜的齋藤・織田同盟，因此信長將她送回母親小見之方的生家明智城，但這座城在同年為齋藤義龍攻下，明智族人除光秀外全數自殺殉死，歸蝶應該也不例外，如果此說成立則歸蝶只活了廿二歲。

此外亦有一說是一五八二年六月二日歸蝶手持薙刀在本能寺與夫婿信長對抗叛變的明智光秀，力竭戰死。司馬遼太郎的《國盜物語》和山岡莊八的《織田信長》皆採納此說。

還有一說是歸蝶與秀吉曾一同主持信長的周年祭，此時的秀吉是信長麾下最具聲望的武將，由他主持故主信長的周年祭應該再恰當不過，歸蝶的加入秀吉於情於理沒有立場拒絕，但如此一來在秀吉的傳記不管是《天正記》或是《甫庵太閤記》《川角太閤記》應會有相關記錄，然而只見於《妙心寺史》的記載，真實度令人質疑。

最後有一說是歸蝶平安度過前面諸說的各種災難，一直到一六一二年老死，埋骨於信長一家人的葬身之處京都市北區大德寺總見院。一九九二年意外發現歸蝶之墓，墓碑上寫著歿年為慶長十七年（一六一二），亦即歸蝶在信長死後獨自活了三十年，這應該是比較可信的說法。然而至今仍不清楚這三十年歸蝶是如何生存下來，推測應該與信長有關的家臣、茶人、豪商的關照不無關係。

❖最大障礙：土岐賴藝

目光再回到齋藤道三身上。在介紹道三和信長的「正德寺會見」之前必須先談一件事：道三在美濃權力地位的世襲化。經過前面的敘述可知，到一五四二年八月首度驅逐土岐賴藝後，道三已是美濃實際上的國主，即便沒有自稱或是策動幕府送上「美濃守護」的稱號，都無損他在美濃的地位。

但道三的統治權畢竟名不正，如果想將美濃的統治權傳給子孫，人在揖斐北方城的土岐賴藝將是最大的障礙。賴藝固然已不具與道三爭雄的實力，然而土岐氏嫡系的出身仍然是不滿的國人眾最好的號召力量，除掉他，國人眾縱使反抗也不至於蔓延成災。

一五五二年，道三發兵進攻揖斐北方城（亦有進攻大桑城之說），第三次流放主君土岐賴藝，整個美濃完全納入道三的統治。此後土岐賴藝四處流亡，從朝倉家、妻子的娘家六角氏，輾轉來到土岐氏的分家常陸土岐氏、上總土岐氏（【信長之野望】系列里見家武將土岐為賴即是上總土岐氏後裔）以及甲斐武田氏，奔波勞累的結果導致雙目失明。一五七二年十月，武田信玄兵分三路上洛，身為別働隊進攻美濃東部岩村城（岐阜縣惠那市）的秋山信友軍中，赫然有雙目全盲的土岐賴藝。

將土岐賴藝放在陣中自然不是要這位全盲老者打頭陣，精打細算的武田信玄希望賴藝能展現土岐氏家督的威望，「不戰而屈人之兵」幫武田氏多添幾座城池。

最後，昔日「西美濃三人眾」之一的稻葉良通（法號一鐵）收容他，晚年的賴藝終老於美濃，在本能寺之變那年十二月壽終正寢，埋骨於東春庵（岐阜縣揖斐郡揖斐川町，現屬法雲寺），享壽八十一歲。

照理而言，完成讓土岐賴藝在美濃消失後，

道三才有心思會見他的女婿。一般提到正德寺會見有一五四九和五三年兩種說法，會有這樣的差異很大原因出於對《信長公記》解讀的不同。

《信長公記》是織田信長最早的傳記，作者太田牛一本身是信長的部下，是信長天下布武的見證者，扣除部分對信長性格的溢美之詞，是一部敘述頗為正確的信長傳記，該書引用的史料在後世史家的比對下並無太大誤差。全書共十六卷，除首卷記載上洛前的信長外，第二卷內容為信長護送足利義昭上洛，使其成為將軍，此後每卷記載一年直至本能寺之變為止，記事多半不附上年份，猶如中國史書體裁中的編年

正德寺道三與信長面會圖

體（如《春秋左氏傳》）。

❖正德寺會見

不附年份是《信長公記》的缺點之一，因此像前文提及的信秀死去以及正德寺會見，在年份上不同的解讀就有不同的看法。正德寺（也稱為聖德寺）位在美濃、尾張邊境的富田（愛知縣一宮市），雖然距離稻葉山城不到二十公里，然而對貌似統一實則危機潛存的美濃，道三仍是大意不得，這是筆者認為「正德寺會見」必須在將土岐賴藝逐出美濃之後的原因。

接下來的會見過程，筆者依照《信長公記》記載做若干增刪。

一五五三年四月下旬，齋藤山城守道三早就聽聞尾張、美濃一帶的武士、平民對信長評價奇差無比。雖然素昧平生，然而道三認為「被眾人視為愚蠢的未必真正愚蠢」，因此有意與信長見上一面。信長則乘船渡木曾川、飛驒川等大河來到富田。

道三率領包含春日丹後、堀田道空等重臣在內約七百多名隨從從稻葉山城出發，這些隨從身著肩衣和袴（武士的標準服飾）比信長的隊伍還要早到正德寺整裝以待。這時道三與幾名家臣潛伏在附近民宅內，窺探信長的隊伍及其言行舉止，看看信長是否真為眾人口中的「笨蛋」。

信長又穿著他招牌的奇裝異服——留著茶筅髮型（未剃月代而在頭部後方綁成茶筅狀的髮型）、身著湯帷子（浴衣在平安時代的稱呼）袖口外露、腰間纏著粗繩並插著太刀和脇差，手腕上綁著芋繩並綁著七、八只葫蘆瓢、火燧袋，下半身穿著由虎革和豹革製成的半袴，腳上穿著草鞋。信長的隨從有七、八百人，走在最前頭的是腳力輕快的足輕，接著是手持三間（約六・三公尺）長槍的長槍隊五百人，然後是弓箭隊和鐵砲隊共五百人。

信長抵達正德寺後立即叫人用四面屏風將自己圍在中間，進行換裝。未幾，信長換上印有木瓜家紋的大紋，下半身穿著拖到地上的褐色長袴（大紋為印上家紋的直垂，盛行於室町時代，江戶時代成為五位以上的武家禮裝；長袴大約是一般半袴的一・五倍長，比半袴更為莊重的服飾），那些平日家中看不起信長的人看到眼前的信長後開始重新評估信長。

信長徐徐走進御堂內，春日丹後、堀田道空不曾見過信長因而未能及時通報。道三問道：「是信長嗎？」兩人之間只是簡單的寒暄，吃著事先備妥的餐點，各自飲酒，並無太多的互動。

會見結束後，道三一臉不快的表情與信長道別，信長的隊列送別二十町（約二・二公里）後雙方才分手，這時道三發現美濃眾的槍比尾張眾短上許多（戰國時代的長槍一般長度約二間半，也就是約四・五公尺），道三看到雙方的差距後，怏怏不樂踏上歸途。

途中，家臣豬子兵助對道三說：「無論怎麼看，上總介都像個傻瓜。」道三回答道：「真是遺憾。我那些笨蛋兒子以後連為信長牽馬的資格都不配！」此次會見後，再也沒有人在道三面前說信長笨蛋。

❖歷史性翁婿會的疑點

以上是《信長公記》記載的正德寺會見內容梗概，筆者認為當中有幾處疑點。道三出於怎樣的動機來會見他的女婿信長，只是單純的翁婿會見？抑或是為了在這次會見中除掉信長，接收尾張？不少小說和戲劇動漫普遍接受後者的說法，但是在《信長公記》裡似乎看不出道三的殺意。

其次，信長前往正德寺的路徑過於奇怪，飛

驒川是木曾川支流之一，發源於飛驒山脈（也稱為「北阿爾卑斯山」）南部的乘鞍岳（地跨長野縣松本市與岐阜縣高山市），流經飛驒國南部於益田郡（岐阜縣下呂市）進入美濃平原，在稻葉山城東邊二十餘公里處（今日的岐阜縣美濃加茂市）注入木曾川。信長渡飛驒川到此地，又順木曾川而下直到富田，比起直接從末森城到富田要遠兩倍以上。

信長這次會見的兵力多到難以置信：光是隨從就有七、八百人，最前頭的足輕人數不詳，長槍隊五百人，弓箭隊和鐵砲隊共五百人，總計至少一千七百人。當時織田家中支持信長的平手政秀，在此次會見前三個月已切腹死諫信長，面對其他不懷好意、隨時有可能擁立同母弟信行推翻自己的家臣，信長是不是應該在自己統治的末森城、古渡城、那古野城安置相當兵力以防這些人背叛呢？

再者，幾年後的桶狹間之戰，當時已統一尾張的織田信長迎戰今川義元時兵力只有兩千五百，在正德寺會見當時只有下四郡的信長卻有辦法派出至少一千七百的兵力，還要在領地內留下大約相當的兵力，當時的信長真有辦法做到嗎？

部分部落客將「弓箭隊和鐵砲隊共五百人」解讀為「鐵砲隊五百人」而認為當時信長領地至少有五百挺以上的鐵砲，這是錯誤解讀。當時鐵砲傳入日本雖已十年，且已能在近江國友村（滋賀縣長濱市，戰國時代與堺町齊名的鐵砲生產地）自行製造，相信信長的鐵砲正是在這裡下單，但是訂購五百挺鐵砲在一五五〇年代的日本難度很大，因此應該是大多數的弓箭手再配上少部分的鐵砲手加起來共五百人較為合理。

「我那些笨蛋兒子以後連為信長牽馬的資格都不配！」這句話有可能出現在正德寺會見之後，但應該只是道三用來對自己兒子在器量方面與信長差異的形容詞。據說道三回到美濃後還寫下：「將來美濃是要送給我女婿的禮物！」然而感嘆歸感嘆，並不一定會化為實際行動。

道三用了廿二年的時間才成為美濃的主人，對道三來說信長的確比自己的兒子優秀，也或許比他的老對頭信秀傑出，然而只因為一次的會見就要將二十餘年辛苦的心血奉送他人，相信很難做到。

❖值得玩味的「禮物」

會見後的翌年，道三讓出家督給長子義龍，由此可看出道三並未打算將美濃送給信長。道三堅

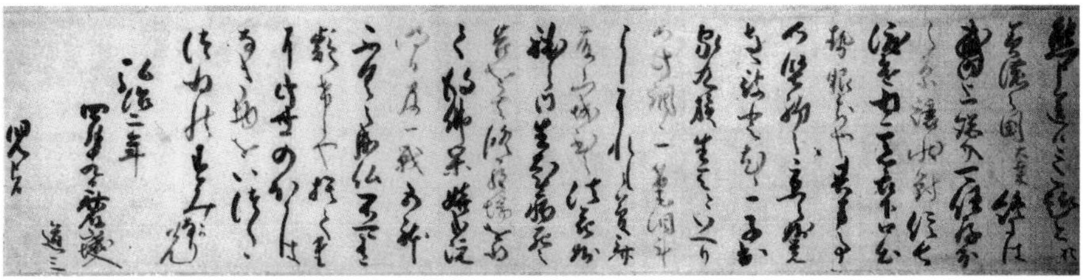

齋藤道三遺訓狀，內容提及要將美濃送給女婿織田信長

定「將來美濃是要送給我女婿的禮物！」是日後與義龍兵戎相見時才具體提出，是為了讓信長出兵而不得不提出的承諾。如果齋藤義龍在道三和信長的聯手下遭到消滅，觀道三罄竹難書的「前科」，會不會實現諾言值得玩味。然而，這句話在道三死後成為信長出兵美濃的最好藉口，將入侵美濃的野心巧妙包裝在為丈人復仇的大義名分下，公然向美濃諸將領宣傳自己才是道三的繼承人。

一五五四年道三讓出家督（一說是一五四八年），退隱的道三依舊住在稻葉山城，同時正式使用讀者最為熟悉的名字「齋藤道三」（亦有一說是在一五四七年前後，何者為是很難判定），就和「上杉謙

信」一樣，最令人熟悉的名字使用的時間卻最短暫。

一如戰國時代許多家族，齋藤家也存在父子對立的局面，道三不喜側室深芳野生的長子新九郎義龍，寵愛正室小見之方所生的嫡子孫四郎龍重和喜平次龍定（就年紀算來應該是歸蝶之弟）。

《信長公記》首卷記載道三對義龍的評價是「糊塗昏聵」，對孫四郎和喜平次則評為「伶俐機靈」，這個評價對照日後信長出兵美濃所吃的苦頭一點也不相符。齋藤義龍或許不受父親及他人的喜愛，但能力絕非平庸，之後的長良川之戰以及面對信長的入侵，義龍都以精湛的戰略取得出色戰果，充分表現出將才，連有識人之明的道三和信長皆因過度低估義龍的實力而遭致敗績。

道三雖讓位給義龍，但仍手握重權，與父親關係不好的義龍雖已即位，仍時時擔心父親會廢掉自己改傳位給弟弟，決定於一五五五年十月先發制人，在酒宴上誘殺孫四郎龍重和喜平次龍定。義龍此舉是向父親宣洩多年的不滿，也等於向父親宣戰。

❖兄弟相殘，父子對幹

兩名愛子遭到殺害後，道三逃出稻葉山城，渡長良川前往北方的大桑城。雙方進入備戰狀態，在家臣團及國人眾中拉攏觀望的勢力，至此父子之情已告決裂。

如果齋藤義龍真是土岐賴藝之子，為了讓更多觀望勢力站在己方，義龍應該好好利用這層關係，使用土岐桔梗家紋、大肆宣傳自己是土岐賴藝之子，是美濃國正統的繼承人，甚至派人迎回流放在外的「生父」賴藝。但是齋藤義龍無視這些可以為自己加分的舉動，筆者不認為這是義龍的疏忽。

齋藤義龍爭取到叔父長井道利（道三之弟，生平事蹟不詳，【信長之野望】系列只「霸王傳」收錄）的支持，使得有「西美濃三人眾」之稱的稻葉良通、安藤守就、氏家直元（法號卜全）也加入，如此一來美濃境內大大小小的勢力幾乎都站在義龍陣營。

一五五六年四月十八日，齋藤道三於長良川北岸鷺山城起事聲討義龍。據說信長亦有發兵聲援，軍中有鐵砲隊的身影。但信長軍受阻於布陣長良川南岸的義龍軍，在會合之前戰爭就已結束。

四月廿日齋藤義龍從稻葉山城出兵，鷺山城與稻葉山城皆在今日岐阜市內，只不過一在長良川以北，一在長良川以南，想必道三起事時義龍在觀察會有哪些國人眾響應，以做為結束與道三的戰爭後剪除的對象，響應的國人眾之一有道三的正室——位於東美濃可兒郡的明智氏。道三死後義龍立即起兵討伐明智城，前述歸蝶死因諸說中便有一說與此城玉碎，明智城的少主，日後被稱為惟任日向守的明智光秀在城淪陷後浪跡天涯，直到十二年後成為足利義昭的使者在岐阜城拜見信長請求出兵護送義昭上洛時才又回到美濃。

值得注意的是，齋藤義龍出兵時使用的名字是「一色義龍」，而非「土岐義龍」。前文提及，義龍的生母出身一色家，雖說皆已中衰式微，長良川之戰前夕土岐氏在美濃的影響力畢竟大過一色氏，捨土岐不用而用一色，不正是齋藤義龍並非土岐賴藝之子的最好證明嗎？附帶一提，一五六一年，義龍取得左京大夫的官職（官位相當於正五位上），是四職之一的一色家嫡系世襲官職，向朝廷取得左京大夫表示義龍自詡為一色家嫡系，如果他是土岐賴藝之子，會執著的官職將是美濃守，從這裡亦可看出義龍並非賴藝之子。

❖舊臣操刀斬蝮首

四月廿日，兩千七百的道三軍對上一萬七千的義龍軍，不用交戰勝負已定。話雖如此，道三軍仍在一開始的單挑中取得勝利，但正式作戰時道三軍很快便告潰敗。道三藏匿於鷺山城西北的城田寺，仍為義龍軍發現，義龍底下的家臣小牧源太（也寫作「小真木源太」）、長井忠左衛門砍下道三的首級，從賣油郎變身為美濃國主的一代梟雄就此殞命，享壽六十三歲。

原本是道三部下的小牧源太、長井忠左衛門要砍向舊主人時，或許過於緊張，原本要朝頸部砍下，結果卻砍到鼻子，蝮蛇遂從鼻子處一分為二，下場之慘並不亞於自爆的松永久秀。小牧源太將道三的屍骨收集，埋葬在長良川附近今日稱為道三塚町（岐阜市）之處。

齋藤義龍畫像

真田昌幸

さなだ　まさゆき，天文十六年～慶長十六年；一五四七～一六一一

時運不濟六文錢

【根據地】信濃上田城。

【性格特徵】表裡比興，不折不扣的騎牆派，擅於在強權中選擇對自己有利的勢力投靠。

【特殊事蹟】於武田家滅亡後，先後臣屬於織田、北條、德川、上杉、豐臣，在強大勢力的夾縫中求生存，不以朝秦暮楚為恥，以有限的領地、兵力繳出令強權也為之動容的戰績。

【最大領地】信濃國小縣郡以及上野國利根、吾妻兩郡。

【最後結局】關原之役後被流放到紀州九度山，最後病逝該地。

【家族命運】小田原之役後在上田本家外分出沼田分家，由於雙方支持的陣營不同，在關原之役後上田本家併入沼田分家。二代將軍秀忠時轉封到信濃松代，從原本九萬五千石略增至十三萬五千石。第八代藩主真田幸貫（生父為松平定信）曾任幕府老中。〈華族令〉頒布後受封伯爵爵位。

【梟雄度】★★★½☆

起

真田幸隆：投靠武田信玄，打下家族基石

❖山河秀麗之國偉人輩出

律令時代劃分的信濃國在一八七一年七月廢藩置縣後切割成松本、松代、上田等十二縣，只是將幕府時代的藩改為縣，改革並不徹底。同年十二月到翌年一月進行第一次整合，將十二縣統整為長野（包含埴科、高井、水內、佐久、更級、小縣六郡）、筑摩（包含筑摩、伊那、諏訪、安曇四郡及飛驒國）兩縣。一八七六年四月起進行第二次整合，將筑摩縣筑摩、伊那、諏訪、安曇四郡劃入長野縣，飛驒國劃入岐阜縣。第二次整合雖持續到一八九三年四月才結束，但就長野縣而言，一八七六年八月筑摩縣併入長野縣和岐阜縣時已整合完畢。

一八九九年，任職長野縣尋常師範學校（現長野師範學校）舊松本藩士淺井洌將他完成的歌詞由該校同仁北村季晴譜曲，譜成的歌曲名為〈信濃之國〉，歌詞部分計有六段，吟詠長野縣的地理概況、山川、物產、名勝古蹟、人物、碓冰峠和鐵道。歌詞內容如下：

信濃之國是國境有十州相連之國
有著高聳的山脈和綿遠的河川
松本、伊那、佐久、善光寺四個平原是肥沃
之地
雖不臨海但除此之外的物產富饒豐足
聳立四方的有御嶽、乘鞍岳、駒岳

特別是活火山淺間，每座都象徵國之威嚴
川流不息往北而去的川水是犀川和千曲川
往南的木曾川和天龍川也都是國之礎石

木曾谷原木茂盛，諏訪湖裡魚群繁多
民眾生活富足未有不五穀豐登的鄉里
不只如此還有優秀的植桑養蠶技術
雖是倚賴一縷細絲卻是維繫國之命脈的產業

尋訪園原村夜宿寢覺床
驚木曾棧道之艱嘆久米路橋之險
訪客眾多的筑摩湯和賞月聞名的姨捨山
風雅文士留下詩歌吟詠名勝流傳至今

旭將軍義仲和仁科五郎信盛
太宰春台老師和佐久間象山老師
皆與此國有淵源的人並以學問武藝聞名
聲譽如高山聳立如流水般綿延無盡

因日本武尊吶喊吾妻而有名的碓冰山
穿過二十六個隧道，睡夢中便能通過的火車
鐵道
像鐵道一樣專心學習就能不輸前人
古來就有「山河秀麗之國偉人輩出」的說法

一九六八年〈信濃之國〉正式定為長野縣縣歌，一九九七年十月長野新幹線在長野站的通車儀式，以及一九九八年二月冬季奧運的開幕式，東道主長野縣皆採用〈信濃之國〉做為伴奏曲。此外在日本高校棒球全國大賽（俗稱的「甲子園大會」），只要代表長野縣的球隊出場，為球隊加油的應援歌捨〈信濃之國〉外不作他想，這種情形也出現在日本職業足球聯盟（J聯盟）松本山雅FC隊出賽的時候，可見〈信濃之國〉做為縣歌得到長野縣出身者普遍認同。

本文的主人公真田昌幸正是出身信濃之國的

武將。筆者在前作已有提及真田昌幸，不過內容並不充分，本篇特別將重心擺放在昌幸生涯最為耀眼輝煌的時期，亦即沼田城攻略（一五七八）和兩次上田城合戰期間（一五八五～一六〇〇）。

支配靈界的滋野氏

真田氏是繼承東信濃望族滋野氏的海野氏分支。關於滋野氏的由來主要有兩種說法，一說是第五十六代清和天皇的皇子貞保親王之後裔，另有學者認為滋野氏之祖應是清和天皇另外的皇子貞固親王或貞秀親王（依《寬永諸家譜》），哪位皇子尚未有定論。另一說依照《寬政重修諸家譜》記載真田家出自神魂命（《古事記》寫做「神產巢日神」，《日本書紀》寫做「神皇產靈尊」，《出雲國風土記》寫做「神魂命」。與「天御中主神」「高皇產靈神」為「記紀神話」天地開闢時出現在高天原的「造化三神」）的五世孫天道根命為紀伊國造始祖，經過數代後分為紀和滋野兩家。

筆者認為以上兩種說法都有缺陷，滋野氏的始祖應只是信濃國活躍於小縣、佐久兩郡一帶的豪族，後來擴張領地到上野國吾妻郡（群馬縣三國山脈以南、榛名山以北）、利根郡（群馬縣沼田市以北）一帶。數傳後一分為三，分別是以小縣郡海野鄉為據點的嫡系海野氏、以佐久郡（長野縣佐久市）望月邑為據點的望月氏，以及以小縣郡禰津鄉為據點的禰津氏。

滋野氏（包括三家分家）不可思議的似乎與盲人、醫術、妖術有很深的淵源，據說身為滋野氏始祖說法之一的貞保親王本身就是盲人，望月氏的祖神諸羽明神以及禰津氏的祖神四宮權現據說是盲人的祖神，滋野氏在平安時代管轄的領民有半數以上是盲人。望月氏長年支配巫女和舞太夫（祭祀時祈禱兼舞蹈的巫女，到祭祀褪下神秘面紗的年代後，巫女為了生存有時需要從事性交易，因此在江戶時代舞太夫成為最高等級的遊女代稱），而禰津氏治下的「ノノウ巫女」（長野縣東御市）集團持續存在到明治時代，是江戶時代全日本規模最大的巫女村。

在戰國時代，巫女的另一身分為女忍者（即「くノ一」），像是出身甲賀上忍的甲賀望月氏將女兒千代女嫁給當時已聽命於武田信玄的望月氏家督盛時，望月盛時在第四次川中島之戰陣亡後，望月千代女被信玄任命為「甲斐信濃二國巫女頭領」，將孤兒或是被遺棄的少女培養成女忍者，然而表面上仍具有巫女身分。二〇〇九年大河連續劇《天地人》中的初音，一九八五年新大型時代劇《真田太平記》中的「お江」雖非真實存在的歷史人物，然而在望月千代女的訓練之下，想必有為數不少的女忍者活躍在

武田信玄建構的情報網上。

滋野氏在發展成為武士的過程中，也逐漸支配不可思議的靈界，其分家真田氏日後讓人抱持敬畏的心態，或許和滋野氏的靈界支配不無關係吧。

❖淡出歷史的海野氏

平安時代末期「保元・平治之亂」已有海野氏參與的記載，《保元物語》記載，源義朝麾下有位名為海野小太郎幸親的武士，是海野氏始祖幸恆的六世孫。《平家物語》第六卷記載，以信濃木曾谷為據點的源義仲響應後白河法皇的第三皇子以仁王（又稱三條宮、高倉宮）之令旨，起兵征討平家，由於地緣之故，信濃各地豪族包括海野行親（即《保元物語》的海野小太郎幸親）在內皆擁護源義仲，成為他的部將。

源義仲於元曆元年（一一八四）一月廿日戰死於近江粟津，《吾妻鏡》第三卷提到，恨極義仲的右兵衛佐賴朝不僅解除義仲長子義高與自己的長女大姬已經沒有政略意義的婚姻，更要除掉礙眼的義高。在大姬的通報下，在鎌倉當人質的義高先行逃出鎌倉，與義高同年且同當人質的海野幸氏（海野幸廣之子，亦有海野幸親之子的說法）留在鎌倉冒充義高。

四月廿六日，義高在武藏國為賴朝的御家人堀親家捕獲，於入間河原為堀親家的僕役藤內光澄斬首，年僅十二歲。失去主子的海野幸氏因表現超乎年齡的淡定而受賴朝讚賞，收為御家人，之後海野幸氏之名數次出現在《吾妻鏡》，內容不外精於弓馬騎射，多次在幕府主辦的騎射比賽中拔得頭籌，與武田信光（第五代甲斐武田氏家督）、小笠原長清（初代信濃守護小笠原氏家督，弓馬術禮法小笠原流之祖，最近幾代【信長之野望】信濃守護小笠原氏武將在弓箭、騎馬方面的屬性優秀，在於弓馬乃家傳之學）、望月重隆並稱「弓馬四天王」。

此後海野氏不再活躍於歷史舞台，再次見於史書記載是幸氏的十八代孫海野棟綱，但未見生平記載。一五四一年五月廿五日，已攻下信濃佐久郡的甲斐領主武田信虎，聯合北信濃豪族村上義清以及女婿諏訪賴重進攻小縣郡的海野氏及其分家（望月、禰津以及真田），海野棟綱長子小太郎幸義戰死（另有一說幸義乃棟綱之弟）。

眼看海野氏及其分家有滅亡之虞，六月十四日武田信虎突然遭到長子晴信及家臣的放逐，繼位的武田晴信擔心國人眾譁變，取消出兵，消滅海野氏的計畫於是作罷。但小縣郡的領地已為村上義清併吞，失去信濃領地，海野一族只好越過淺間山來到上野國依附關東管領上杉憲政，寄身箕輪城（群馬縣高崎市）城主長野業正之下。

此外，三家之一的望月家似乎在此役付出慘重犧牲，該役之後晴信之弟典廄信繁將長子義勝過繼到望月氏分家信雅當養子，元服後改名望月信賴。為何以信繁長子做為望月家養子？似乎是信賴生母出自望月家的緣故，如果此說為真，武田家與滋野三家的往來當始於信虎或更早之時。信賴在第四次川中島之戰後傷重不治，年僅十八歲。

望月信賴無繼承人，於是信繁三子——十一歲的信永——過繼望月家。對武田家有所了解的人都知道信繁在武田家的身分，先後過繼信繁兩個兒子，可見望月家在武田家心目中的分量。望月家所在的佐久是反抗武田家最激烈之地，可看出信玄多麼希望藉由繼承望月家來降低佐久地區對武田的反抗。

滋野家與其分家的軼話就探討到此，以下筆列者舉手邊書籍，談談真田幸隆與海野棟綱的關係。

❖真田氏起源之謎

海音寺潮五郎在《武將列傳》寫道：「海野棟綱有四子，長子幸義繼承海野家，次子幸隆，住在小縣郡內真田，稱為真田氏，這是真田氏的起源。三子賴幸（也寫做「賴綱」或「綱賴」），住在同郡內的矢澤而稱為矢澤氏。四子隆家，住在同郡內的常田（也寫做「時田」）而稱為常田氏。」海音寺氏的說法很有可能參照成書於享保年間（一七一六～三五）由松代藩（一六二二年起成為真田信幸的領地，十萬石）藩士竹內軌定撰寫的《真武內傳》，該書認定真田幸隆是海野幸義之弟，幼名為海野小太郎，幸義戰死後繼承海野家。

真田幸隆畫像

實際上繼承幸義成為海野家家督的，是日後放逐父親自立的武田晴信次子信親（武田義信同母弟），《真武內傳》終究是成書於江戶時代的歷史小說，不可盡信。真田幸隆和海野棟綱之間的關係至今仍難以確認，究竟幸隆是出自真田家而娶海野棟綱之女或是出自海野家而成為真田家養子，時至今日仍無定論，海音寺氏的觀點雖不一定正確，但也未必錯誤。

筆者手邊有一本講談社出版的《日本系譜綜覽》，名聲雖不如《尊卑分脈》《寬永諸家譜》《寬政重修諸家譜》等書響亮，還算有一定的學術價值，該書認為海野棟綱之子為海野平之役戰死的幸義，而幸義之子有真田幸隆、賴之（前述的矢澤賴幸）、隆永（前述的常田隆家）。這種說法正確與否目前亦難以論斷。

同樣成書於江戶時代的《飯島家滋野正統家系圖》和沼田藩（真田信幸從父親手中得到的領地，關原之後成為本家。隨著信幸改封信濃松代，沼田成為支藩，領有三萬石，第五代藩主真田信利負責江戶兩國橋的工程，幕府以延遲為由將其改易）家老加澤平次左衛門撰寫的《加澤記》則記載真田幸隆入贅海野棟綱家，在海野幸義戰死後真田幸隆從贅婿變為養子，成為海野家家督，海野棟綱死後才恢復真田之姓。

另外，江戶時代完成的《真田家系圖》記載海野棟綱或真田賴昌之子真田幸隆領有小縣郡真田鄉，始以真田為新姓氏。江戶時代各藩在編纂自家譜系時，往往會吹噓、渲染自己的家世，不是把家世與「記紀神話」中的神話英雄做連結，就是冒認平安時代的武將如藤原秀鄉（平定平將門之亂）、藤原利仁（十世紀初陸奧鎮守府將軍，曾平定下野國的盜賊）、八幡太郎源義家為祖先。真田氏不在這些神話傳說或是歷史上的武將做文章自抬身價，不就間接證明真田家並無顯赫家世嗎？因此海音寺潮五郎主張到真田幸隆才以真田為姓氏，這種說法筆者認為並非無的放矢。

至於新田次郎的《武田信玄》則設定真田幸隆為海野棟綱的外甥。事實的真相或許就包含在以上筆者列舉的數種說法之中，進一步真相還有待更多文獻佐證。

❖從上杉到武田

話說真田幸隆投靠上杉憲政，無非是想憑藉關東管領的名望恢復失去的領地，關東管領帳下固然有無雙猛將箕輪城主長野業正，但是關東管領山內上杉氏在與同族扇谷上杉氏的內鬥以及外敵後北條氏的侵逼下，領地日益萎縮，雖在一五四一年七月四日憲政率軍越過碓冰峠入侵小縣郡，然為武田軍所敗，之後幾年憲政不再有進攻信濃的軍事行動。

在箕輪城度過一段「數年徒守困，空對舊山川」的鬱悶日子後，真田幸隆終於離去。幸隆何時離開上野？又如何投靠當時已放逐父親自立為甲斐國主的武田晴信（日後的信玄）呢？《真武內傳》提到一五四四年在山本勘助的引薦下，真田幸隆投靠武田家成為先方眾（大名本國據點以外的他國國人眾）。相同記載也見於《真田三代記》，該書成於元祿（一六八八～一七〇四）年間，是本反德川、揚真田有先入為主的創作物，是竹內軌定撰寫《真武內傳》時必備的參考書目。惟《真武內傳》是本不可盡信的歷史小說，山本勘助引薦的說法同樣不可盡信。

一五四三年三月才成為武田家臣的山本勘助，僅只一年時間未必就能讓武田晴信錄用他引薦的人，而且勘助早年在九州、西國進行武者修行，對信濃、上野形勢的認知未必比武田家臣透徹。照理而言，引薦真田幸隆的人若是板垣信方、駒井高白齋這些晴信身邊的智囊比較合情合理（雖然也未必絕對）。

此外根據戰國慣例，真田幸隆不能平白投靠武田家，必須交出人質以示忠誠，最好的人質就是自己的兒子，當時幸隆已有源太、德次郎二子，然而實際上的人質卻是此時尚未出生的源五郎（日後的安房守昌幸），當時幸隆並不知自己何時會再生下子嗣，一五四四年歸順時指定三年後才出生的兒子將他送到古府中當人質，邏輯上很難說得通。

不過，因此認定幸隆於一五四四年投靠武田家一事並不正確恐怕也未必。䄇津御寮人（新田次郎小說《武田信玄》裡的里美，晴信七子武田信清之生母）於一五四二年年底（或四三年年初）成為武田晴信的側室，護送她從小縣到古府中的正是真田幸隆。為何幸隆可以擔任

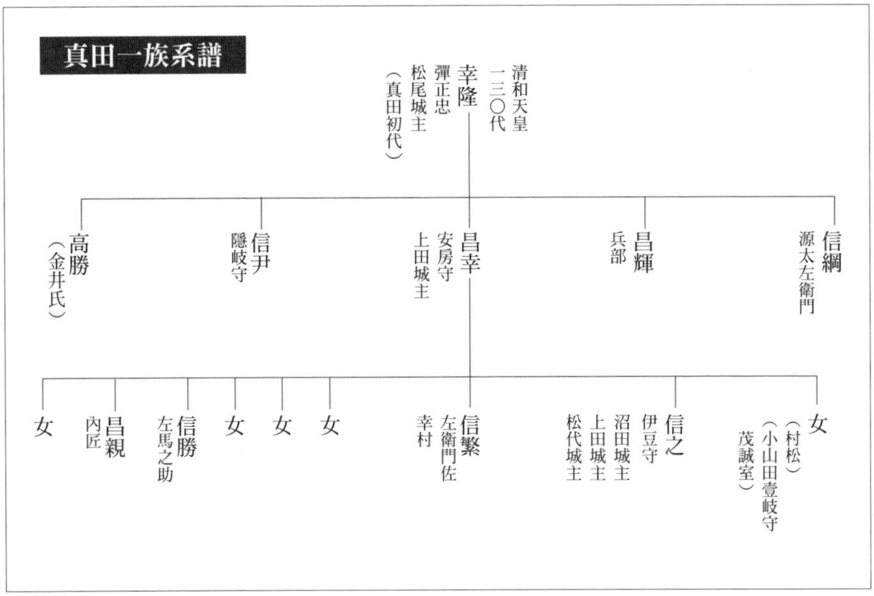

此一職務？因為真田氏與禰津氏是前文提到滋野氏的後裔，儘管經過數百年血緣已經淡薄，但終究有共同祖先，那個時代家族（本家和分家）間的凝聚力是今日難以想像的。

除去與新娘間的親族關係，能夠成為新娘護花使者的真田幸隆必然有讓年輕的武田晴信讚賞之處。換言之，晴信與幸隆的認識，可能在納禰津御寮人為側室之前，新田次郎在《武田信玄》裡設定幸隆為晴信與里美之間書信往來的信差，而此時山本勘助還在今川家慨歎髀肉復生。因此，真田幸隆出仕武田家應該與勘助的引薦無關。由於小縣郡為村上義清奪去，失去領地的幸隆只能客居上野，因此雖與武田晴信早有往來，卻不算是武田家的家臣。既然不是家臣，就無需將兒子送往古府中當人質。

由以上敘述來看，真田幸隆與武田晴信的結識應早於山本勘助加入武田家，大概在晴信放逐父親前後，正式加入武田家約與山本勘助同時，因此透過山本勘助引薦加入武田家的說法應該有誤。一五四六年四月廿日河越夜戰的結果導致扇谷上杉氏敗亡、山內上杉氏失去大半上野，僅存居城平井城（群馬縣藤岡市）、長野業正戍守的箕輪城以及兩城外圍的少數衛星城，對真田幸隆而言，這是離開上野國、正式加入武田家的絕佳機會。

❖歷時十一年重回故地

武田晴信平定諏訪地區後，目標指向甲斐北邊的佐久郡，並於河越夜戰前後納入版圖，下個對手將是全信濃最強的豪族村上義清。一五四八年二月一日武田晴信以七千精兵（一說五千）從古府中出發，經過富士見高原出甲斐國境，登蓼科高原越過大門峠（位於長野縣茅野市和同縣小縣郡長和町之境）進入小縣郡，全程大概有二百二、三十公里；相對地，村上義清從葛尾城（長野縣埴科郡坂城町）出發只要六十公里左右——沿著〈信濃之國〉提及四個平原之一的佐久——即可抵達。

村上義清家紋

二月十四日，武田軍與五千（一說七千）村上軍在上田原（長野縣上田市）對戰，這是埴科、更級、小縣三郡的交界處。武田晴信先前平定佐久的過程中對待戰俘過於苛刻，如一五四六年進攻志賀城（長野縣佐久市）時將早先於小田井原之戰取得的三千士兵首級梟首以打擊守方士氣，更在城陷後將城中男子送往甲州金山當礦奴，女子則賣為妓女，種種作為激怒了當地民眾——只要與武田軍作戰失敗就是這種下場——於是主動幫助村上軍，因此武田軍甫一交戰就陷入不利局面。

自立後每戰必勝的自信迷惑了武田晴信對戰

局的判斷，當晴信發現武田軍沒有取勝的可能時，宿老板垣信方、甘利虎泰、才間河內守、初鹿野傳右衛門已戰死，相同記載見於《妙法寺記》和《高白齋記》，武田軍的失敗應該是不爭的事實。據說村上義清甚至攻入武田軍本陣，為內藤昌豐、馬場信房擊退。

信州大學專攻日本中世史的學者笹本正治教授在《真田氏三代——真田は日本一の兵》一書提到真田幸隆加入武田家是在此役之後，理由為武田晴信需要熟悉小縣郡情報的武將為他出謀劃策，幸隆無疑是最適當人選，這種說法不無道理。總之，最遲在上田原之役結束後真田幸隆已加入武田家成為先方眾。

真田幸隆加入後並未立即在軍事上帶給武田家助益，武田晴信於一五五〇年九月九日進攻僅有五百名守兵的戸石城，此即有名的「戸石城之戰」（戸石城或寫為砥石城，長野縣上田市）。晴信想搶在村上義清大軍到來之前攻下戸石城，結果強攻不成，信虎時代重臣橫田高松戰死，晴信只得改採圍城。

十月一日，在村上義清大軍到來之前晴信決定撤軍，可是義清突然殺出，結果戸石城之戰武田軍折損更多兵力（上田原之戰武田軍士卒戰死約一千三百，戸石城之戰則折損約一千二百，但受傷超過兩千人），這次敗仗稱為「戸石崩」，新田次郎在《武田信玄》一書寫道：「直到晴信改名信玄之後，也從未輸得如此悽慘，這是武田信玄生平最慘的敗仗。」

砥石城跡／網友月翔提供

幸隆在這場戰役後開始展現他過人的才能，當他得知戶石城守將因為戰利品分配不公而致劍拔弩張時，有意用金錢拉攏受委屈的一方。

當下屬對戰利品分配感到不公而彼此怨懟時，有器量的主君會拿出屬於自己的部分來滿足部屬。村上義清做不到這點，真田幸隆便遊說武田晴信，希望由他來滿足戶石城守將的要求，在大批優質甲州金的運用下，依《高白齋記》所載，一五五一年五月廿六日，戶石城一日內為幸隆拿下。戶石城的失守讓義清失去對小縣郡的控制，居城葛尾城所在的埴科郡也門戶洞開，失去小縣郡豪族的擁戴，成為義清於一五五三年棄守居城、出走越後的主因。因小失大的道理人人皆知，但是因小失大的事卻不斷重複上演。

之後武田晴信將戶石城賜給勞苦功高的真田幸隆，真田氏的發跡地真田鄉就在戶石城北邊（皆位在今日長野縣上田市）。自一五四一年海野平之戰以來，歷時十一年真田幸隆終於重回故地，幸隆認為這一切都是武田晴信所賜；此外在進攻戶石城的過程中，幸隆發現晴信寧可花費金錢也不願強攻，認為晴信具有稱霸天下的器量，因此為武田擴大版圖盡心盡力。

❖得天獨厚的地理優勢

第四次川中島之役後，長年阻擋武田信玄（武田晴信於一五五九年二月從長禪寺住持岐秀元伯出家，法號「德榮軒信玄」，之後改以「信玄」稱之。真田幸隆亦於同時剃髮，自稱「一德齋」）的上野箕輪城主長野業正病逝，上野再也沒有防範武田家入侵的力量，趁著武田大軍進攻箕輪城，真田幸隆攻略箕輪城北邊的吾妻郡，甚至往東延伸到利根郡。

這兩郡的鎌原城（群馬縣吾妻郡嬬戀村）、羽根尾城、長野原城、丸岩城（皆位於群馬縣吾妻郡長野原町）、岩櫃城（群馬縣吾妻郡東吾妻町）、中山城（群馬縣吾妻郡高山村）、名胡桃城（群馬縣利根郡みなみ町）、白井城（群馬縣澀川市），加上信濃國的上田城、戶石城以及發源地真田鄉松尾城（長野縣上田市），這一塊東西長、南北窄的條形地帶，是日後真田昌幸揚名立萬之地。

就地形而言，此地北倚三國山脈與上杉氏為鄰，三國山脈綿延整個上、越國境，南北往來就靠三國峠、清水峠兩隘口；西南有淺間山、妙義山可阻隔來自信濃佐久的入侵勢力，只有兩山之間的鳥居峠和碓冰峠是自古以來信濃、上野兩國的門戶（後者現在有長野新幹線通過），三國山脈和淺間山、妙義山雖非天險，大軍要強行通過也絕非易事；南有榛名、赤城兩座標高超過一千四百公尺的高山阻絕來自南方的威脅（主要指關東霸主後北條氏）。真田幸隆打下的這片江山有得天獨厚的地理優勢，自成一格，唯一需要防備的是榛名、赤城兩山之間利根川流經的狹窄河谷平原（今日的關越自動車道），武田家滅亡後，後北條氏多次出兵進攻沼田城都是從這裡入侵。

連接沼田城和上田城這塊狹長條狀地帶，今日主要由國道一四四號（長野縣上田市至群馬縣吾妻郡長野原町，全長約四十五公里）和國道一四五號（群馬縣吾妻郡長野原町至群馬縣沼田市，全長約五十三公里）兩條國道串聯；在幸隆、昌幸的時代則稱為「真田道」。

一五六七年，五十五歲的真田幸隆讓出家督給三十一歲的長子左衛門尉信綱，雖然身分改為隱居，幸隆依舊為武田家效忠。當信玄病逝於信州駒場的消息傳到上野，幸隆絕食七天六夜以示哀悼，之後似乎失去努力的動力，翌年五月十九日病逝於戶石城中，享壽六十二歲。

承 一心一意跟信玄，不甘不願隨家康

❖信玄慧眼識昌幸

一五五三年，七歲的源五郎被送到甲斐國古府中成為人質。為何當人質的是真田信隆的三子源五郎？他並非正室所生。據《高白齋記》《甲陽軍鑑》記載，要源五郎當人質是武田晴信親自指定，晴信認為源五郎擁有不輸其父的聰明才智。如果這種說法成立，筆者認為晴信一定有和年幼的源五郎照過面。

幸隆共有五子：長子源太左衛門尉信綱，次子兵部少輔昌輝，三子源五郎安房守昌幸，四子市右衛門尉信昌（後改名信尹繼承加津野家），五子金井高勝，其中只有信綱和昌輝確定同母兄弟，在【信長之野望】只有信綱和昌幸是每代固定班底，昌輝只見於「霸王傳」和「天翔記」，信尹和金井高勝從未出現過，當中最有名的，捨武藤喜兵衛真田安房守昌幸不作第二人想！

年幼的源五郎與四弟信昌一起被送到古府中，不久後源五郎與土屋右衛門尉昌次（也寫做「昌續」）、三枝勘解由守友（也寫做「昌貞」）、曾根內匠昌世、甘利左衛門尉信忠（也寫做「昌忠」，甘利虎泰之子）、長坂源五郎昌國六人被提拔為信玄的奧近習眾（側近之意），做為新生代幹部的候補。這五人都是甲斐武田氏的譜代重臣，昌幸能與之並列，證明信玄用人不拘泥於門第，《高白齋記》《甲陽軍鑑》記載信玄發現昌幸有不輸給其父幸隆的才幹。

信玄對源五郎豈止提拔而已！真田家在信玄時代才成為武田家臣，然而信玄允許真田家在古府中外圍建造宅邸，這是譜代才能享有的待遇。永祿年間，信玄讓昌幸繼承母方氏族大井氏的分支武藤氏，並且擔任足輕大將，因此昌幸在繼承真田氏家督之前名為武藤喜兵衛昌幸

真田昌幸畫像

（一五七五年繼承家督之前筆者以武藤喜兵衛稱之），在信玄的思考裡，應有意讓武藤喜兵衛成為武田家的一門眾。

一五六一年九月，十五歲的武藤喜兵衛迎來他的初陣。一般說來，武將的初陣多為無關輕重、無生命危險的小規模戰役，武藤喜兵衛的初陣卻是戰國時代驚天動地的第四次川中島之戰。這場戰役真田家可說全軍動員，家督幸隆、長子信綱、次子昌輝都投入作戰，喜兵衛也以武藤家家督身分參戰。然而實際上真正有和上杉家面對面交戰的應該只有幸隆的真田軍，喜兵衛在古府中已有九個年頭，他的才識武田信玄知之甚詳，擅長發掘人才的信玄並未安排初陣的喜兵衛衝鋒陷陣，而是做為近身護衛安置在自己身邊。

第四次川中島之戰武田軍雖說將上杉軍趕出川中島勉強取勝，卻是建構在武田信

繁、諸角虎定、山本勘助、望月信賴等武將的犧牲上，這樣的代價對武田家而言委實過於慘烈！十五歲的武藤喜兵衛目睹武田信玄抱著信繁的屍體慟哭，連對手上杉謙信也為其壯烈犧牲扼腕，他決定日後為自己的兒子取名信繁。

後來這個名為真田信繁的兒子，在十五年內兩次於上田城與父親以寡軍玩弄名滿天下的德川軍於股掌之上，最後更率領鮮豔的「赤備」隊衝入人生已近暮年的大御所德川家康之本陣，使大御所的馬印因本陣被突破而自三方原之役後再度倒下。

真田信繁，大坂夏之陣出盡鋒頭的真田左衛門佐幸村是也！

❖信玄決定親事，繼承武藤家督

一五六四年左右，信玄為十八歲的武藤喜兵衛決定親事，令人意外的是，新娘除後世對她有固定的稱呼之外，包括家世、本名、生年都不甚清楚。後人稱喜兵衛的正室為山手殿（也稱為「寒松院殿」或「京之御前」），一說為小喜兵衛兩歲，家世主要有兩種說法，一說是公卿今出川（菊亭）晴季之女（或養女），一說是遠江國人眾宇多賴忠之女。

今出川家在公卿中的家格（家世排行）屬於清華家，僅次於攝關家，在官職上兼任近衛大將、大臣，最高可晉升至太政大臣。武田信玄的正室三條夫人的娘家三條家也屬於公卿中的清華家。清華家之女與信濃國人眾、家世來歷不怎麼清楚的真田氏成親，怎麼看也不登對。此外還有一個更直接的證據，晴季只比喜兵衛大九歲，他的女兒年紀至少小喜兵衛十歲以上，一五六四年兩人成親時山手殿應該不超過十歲，而兩人成親翌年便有愛的結晶長女村松殿，這時山手殿最多十歲左右，因此今出川晴季之女的說法應該不成立。

於是有另一種說法：山手殿出自遠江國人眾宇多賴忠。賴忠原本是信濃守護小笠原長時的家臣，一五五〇年七月武田晴信攻下長時的居城林城（長野縣松本市），長時輾轉流落上方京都，投靠當時成為京都實際主人的氏族庶流三好氏家督筑前守長慶。宇多賴忠則回到遠江引佐郡（靜岡縣濱松市）舊領地成為今川家家臣，一五六四年投靠武田信玄，信玄安排其女嫁給武藤喜兵衛。但如此一來未曾在京都定居的山手殿的另一稱號「京之御前」就無法交代清楚，因此筆者認為有關山手殿兩種家世的說法都不正確。

喜兵衛昌幸的一生至少有四子七女（七女只是已知的部分），四個兒子分別為伊豆守信幸、左衛門佐信繁、內匠昌親、左馬助信勝，最有名的當屬伊豆守信幸和左衛門佐信繁，這兩人加上長女村松殿（嫁給武田家臣小山田茂誠，是小山田信茂的分支）都是山手殿所生。

一五六八年，武田信玄因為揚棄「甲相駿三國同盟」入侵駿河，北條氏康深恐信玄取得駿河後會破壞與周遭勢力間的平衡，不僅以援助今川氏真為名率軍進入駿河東部與今川軍東西夾擊武田軍（第一次薩埵峠之戰，一五六八年十二月），更與上杉謙信締結「越相同盟」對抗納駿河入版圖後的信玄。

第一次薩埵峠（靜岡縣靜岡市清水區）之戰後，翌年八月信玄率軍兩萬越碓冰峠從上野國進入武藏國，進攻北條氏邦（氏康三子）鎮守的鉢形城、北條氏照（氏康次子）鎮守的瀧山城（東京都八王子市），然後直取後北條氏的居城小田原城而來。

小田原城是日本史上屈指可數的難攻不落之城，採用外郭將城或砦包圍在內部的構造，連城下町的外圍也用堀、石垣、土壘等防禦工事圍住（稱為「總構え」或「惣構え」）。這座城在八年前曾讓率領十萬大軍的關東管領上杉輝虎空手而回，面對信玄的兩萬軍隊，北條氏康自然有恃無恐。信玄在強攻不下後，揮軍撤回甲斐，氏照、氏邦為洗雪被圍城之辱，自動請纓追擊敗退的武田軍，氏康雖覺得武田退軍必然有詐，卻也不便制止，因為藉由主動出擊可提振因被動防禦而消磨的己軍士氣。

結果武田軍在三增峠（神奈川縣愛甲郡愛川町和相模原市綠區之間）以逸待勞，利用地勢之險以及突襲擊敗追擊的北條軍，武藤喜兵衛在這場戰役並未率軍出戰，而是擔任信玄的使番。據說在召開軍議時信玄下令諸軍明日進行決戰，馬場信房進言道：「請等等，我軍初到此地對地形生疏得很，必須慎重，先調查地勢後再進行決戰不遲！」信玄聽後笑道：「我已派出我的雙眼前往調查。」不久前往調查的斥候回來，眾將方知原來信玄所謂「我的雙眼」指的是曾根昌世和武藤喜兵衛。

要攻下小田原這種城，非傾全國之力做不到，不拔掉周遭的衛城只是一味強攻也無濟於事，圍城斷糧也無法折損對方士氣，無法期待對方因圍城而投降。面臨這種情況總大將要考慮撤退。如何讓大軍既能全身而退，將士氣的影響控制在有限範圍內，又能顧及全軍不遭致敵軍追擊、甚至在撤退過程中製造一些小勝利不讓軍隊有敗戰的感覺，在在考驗總大將的智慧，正如筆者於前作提到「不在大敗的情形下，撤退是一門學問」。三增峠之戰讓武藤喜兵衛見識到信玄非凡的領導統御能力。

之後武藤喜兵衛以武藤家家督身分參與信玄的上洛作戰，兵力應該比真田家家督的長兄信綱少，而且很可能還是配置在信玄側近。喜兵衛在三方原之戰與武田家的諸譜代家老狠狠痛擊德川家康，這是他生涯第一次（非單獨）擊敗德川家。

就在眾人還沉浸在即將上洛的喜悅中，主君信玄卻病倒了，病情嚴重到不得不折回甲斐休養，最終信玄在信州駒場嚥下最後一口氣。

❖重返本家繼承家督

武藤喜兵衛恐怕沒想到他會有返回真田本家繼承家督的一天。

一五七五年五月廿一日由武田勝賴率領一萬五千武田家威震四方的騎兵隊，在三河國長篠城（愛知縣新城市）西邊的設樂原佈陣以待織田・德川聯軍。武田勝賴以為織田信長一如三方原之戰只派出區區三千兵力支援，沒想到信長足足投入十倍之多（長篠之戰雖是戰國時代公認有名的戰役，雙方參戰的兵力在記載上卻有天差地遠的差距），加上德川的八千軍，織田・德川聯軍是武田軍兩倍有餘，正面交鋒不見得有勝算。

武田勝賴（上）及其夫人、長子信勝畫像

此時退兵固然可保全兵力，但是在家臣中原本威望就不高的武田勝賴（家臣總是這樣評價他：「和機山公〔信玄〕相比遠遠不如。」）勢必會因為臨陣畏縮更為家臣鄙視，沒有退路的勝賴只有孤注一擲。結果造成大批家臣陣亡，武田氏徹底退出角逐天下的資格，淪為只能偏安甲信的地方大名。

兄長信綱、昌輝的戰死使喜兵衛因禍得福，勝賴命他繼承真田家，於是喜兵衛回到闊別二十餘年的小縣郡真田鄉成為真田家家督，改名真田昌幸。

繼承真田家督的昌幸，領地依真田幸隆生前的擴張計有上野國利根、吾妻兩郡以及真田家原本領有的信濃小縣郡，依後來「石高制」計算的話大約是六萬石。

說來諷刺，受信玄薰陶的真田昌幸空有取天下的才幹和器度，卻無取天下的運氣和時機，一生汲汲營營俸祿始終未超過十萬石，一些才能不如他的武將反而成為「國持大名」（令制國皆為一家擁有的大名）。或許正因此種不滿讓昌幸在日後關原之戰失去判斷力，相信石田治部少給予信濃一國的承諾加入西軍，結果落得領地被沒收、流放外地客死異鄉的悲淒命運。

一五七八年三月十三日上杉謙信死後，未立繼承人以致引起「御館之亂」，長達一年的內亂讓上杉家邊防停擺，謙信時期以來數次進出關東的門戶沼田城（群馬縣沼田市）為北條氏攻下，由負責經營武藏的氏康三子氏邦底下將領豬俣邦憲擔任城代，讀者請記住這個名字，日後關乎北條氏存亡的「小田原征伐」便是由他引起。

北條家治理沼田城的時間並不久，但不是為上杉家收復，「御館之亂」期間締結「甲越同盟」（信玄、謙信在世時不可能締結的同盟，如果締結的話天下手到擒來；這個同盟的締結代表兩家已到了不結盟就會滅亡的地步）的武田勝賴，命昌幸進攻這座長久以來為武田、上杉、後北條三強的必爭之地。昌幸耗費相當長的時間才攻下沼田城，這段過程饒富趣味，而且沼田城是後來真田分家（信幸）的居城，分家走上與本家（以上田城為居城的昌幸）截然不同的命運，因此筆者花點篇幅介紹這場沼田城攻略戰。

❖野心的第一步：沼田城攻略

一五三二年，沼田勘解由左衛門尉顯泰（號「萬鬼齋」）在赤城山北麓和利根川及其支流片品川、薄根川匯合處的台地上築城，此即沼田城。此城海拔約七十公尺，居高臨下不利進攻，此外居於越後越三國峠進入關東平原的入口，也位居信州進入上野的要衝，地位如此多嬌引武田、上杉、後北條三強競折腰。

沼田顯泰實際上想的是維持沼田家獨立的地位，而不是在武田、上杉、後北條三強間選邊站，因此當他發現正室生的長子憲泰和次子彌七郎朝憲都有親北條的傾向時，毫不留情的殺死他們，改立側室之子平八郎景義。此舉惹來彌七郎朝憲的妻族親北條氏的上野國人眾不滿，發兵進攻沼田城，於是沼田顯泰與庶子景義流亡越後。北條氏康以北條綱成的次子氏秀做為沼田家繼承人（改名為沼田康元）身分入主沼田城，等同納入北條氏的勢力範圍。

沼田氏家紋

一五六〇年八月，時名政虎的上杉謙信打著護送前關東管領山內上杉憲政的大義名分越三國峠進入上野，沼田顯泰也趁機返回領地，藉由舊日家臣之手將沼田康元送回小田原城以示與北條氏的決裂。此後到一五七八年謙信逝世為止的十八年間，數度進出關東的謙信皆以沼田城和廄橋城（群馬縣前橋市）做為進攻後北條氏的橋頭堡。

一五六九年，沼田家騷動又起，沼田顯泰逃往奧州黑川城（福島縣會津若松市）投靠當時聲勢足以和奧州探題伊達氏並稱的蘆名盛氏，沼田城於是由上杉家接管，謙信命武藏國人眾藤田信吉為城代。御館之亂上杉家忙於內鬥，無暇顧及越後以外的領地，於是鉢形城主北條氏邦率兵進攻沼田城降伏自己的舅子（北條氏康命氏邦強行繼承藤田家，信吉是藤田家次子反而沒有繼承權），改由豬俣邦憲擔任城代，藤田信吉和沼田地侍金子泰清各自鎮守城的一角。

御館之亂時為取得武田勝賴的支持，上杉景勝同意將上野的領地讓渡給武田家，但武田家必須出兵攻下沼田城方能擁有。然而長篠之戰後勝賴將國防重心放在西境防範織田・德川的入侵，於是進攻沼田的任務就落在昌幸身上。

昌幸首先擴大北條氏邦和藤田信吉兩人的矛盾，讓信吉和金子泰清答應成為內應，再策反沼田城附近的小川城（群馬縣利根郡みなみ町），萬事俱備後於一五八〇年五月進攻沼田城。北條據城以守認為足可抵擋昌幸，可是藤田、金子的部隊在北條背後以鐵砲射擊，豬俣邦憲不敵敗走，昌幸兵不血刃攻下沼田城。

《加澤記》如此記載五月十八日進入沼田城的昌幸：「昌幸公，穿上信玄公賜予的黑糸縅之鎧、龍頭頭盔，手持十文字長槍，名為『望月黑』的名馬背上放著貝鞍，鋪著金色馬氈打掛，銅紅色的御旗上繡有六文錢家紋，走在最前面進城。」

攻城有功的真田昌幸於該年左右受封為從五位下安房守。

❖兵不厭詐，兔死狗烹

翌年，在蘆名盛氏和上野國人眾金山城（群馬縣太田市）城主由良國繁的支持之下，素有「摩利支天再世」（佛教的守護神，被武士奉為軍神）稱號的沼田景義借得兩千五百兵力，擊敗與真田家有淵源的海野棟綱族人長門守幸光、能登守輝幸兄弟。面對如此勇猛的對手，昌幸打消武力相向的念頭。

不少在昌幸以勝賴城代身分進入沼田城時離去的舊日沼田氏家臣，聽到舊主沼田景義返回後有部分加入他的麾下；景義擊敗長門守兄弟後，有更多家臣加入，沼田軍人數膨脹到四千人，昌幸於是透過景義的外祖父金子泰清轉達歸還沼田城的想法。透過金子泰清幾次的傳話後，景義發現昌幸歸還沼田城之說並非口頭試探，更不是引君入甕的鴻門宴。

於是，沼田景義決定帶一部分兵力前去接收沼田城，當然，等待他的是死亡。到達沼田城門時，一位往昔家臣靠上來牽住景義的馬轡緩緩進城，突然鐵砲聲大作，弓箭四起，沼田景義以及身後將入城的軍隊紛紛倒地，這是昌幸精心布置的計謀。用景義的親人為使者動之以情，再三示弱消除景義的戒心，最後在率軍進城門前再安排一位舊日家臣控制其馬轡，讓他連苗頭不對拔退而跑的機會都沒有。

除掉沼田景義之後，金子泰清也沒有存在的必要，他從此在沼田城消失。昌幸在整治沼田城的過程中耳聞海野幸光、輝幸兄弟以及幾位國人眾出身的家臣為豬俣邦憲拉攏的傳聞，昌幸得知後不動聲色，藉由擔任勝賴新府城（山梨縣韮崎市）的築城奉行職務長期不在沼田期間，命四弟信昌進攻海野幸光所在的岩櫃城，海野幸光被迫迎戰，不支敗死。信昌旋即馬不停蹄包圍海野輝幸在沼田城的宅邸，輝幸雖事先得到消息逃往迦葉山（群馬縣沼田市），仍不敵切腹。

為何昌幸只根據沒有證實過的傳聞就貿然發兵剷除海野兄弟呢？合理的解釋是昌幸早想除掉海野兄弟，為豬俣邦憲拉攏剛好補上欠缺的「合法」理由。為何昌幸要除掉海野兄弟呢？早在真田幸隆在世進攻岩櫃城時，以同族之誼說動海野兄弟倒戈才攻下該城，在戰後的論功行賞兩兄弟毫無疑問身居首功。

但是兩兄弟並不滿足於首功，他們要的是吾妻郡代的身分，換言之即是要求整個吾妻郡做為領地，兩兄弟認為真田氏為海野氏的庶流，真田氏擁有小縣和吾妻兩郡，海野氏卻一無所有，因此分一郡給本家並不為過。幸隆在世時海野兄弟尚知節制，到昌幸時（兩兄弟應該是昌幸的長輩）要求更多；先前昌幸因為外敵環伺尚須仰仗海野兄弟，是以隱忍不發，待拿下沼田城後，外來威脅暫時解除，遂訂下除掉海野兄弟的計畫。

從殺害沼田景義與海野兄弟的事件來看，真田昌幸確實具有梟雄的特質：兵不厭詐、笑裡藏刀、不擇手段，如同金庸先生在《倚天屠龍記》後記裡提到的一段話：「……中國三千年的政治史，早就將結論明確的擺在那裡。中國成功的政治領袖，第一個條件是忍，包括克制自己之忍、容人之忍、以及對付政敵的殘忍。第二個條件是決斷明快。第三是極強的權力欲……」

要在戰國時代生存，滿口仁義道德只會自取滅亡，但反覆無常到信用破產也不足以生存，適時運用權謀術數才能在亂世生存，進而建立霸權。怎麼運用、如何拿捏得恰到好處端視個人修行，這是權謀玄之又玄的奧妙所在。昌幸自幼即在信玄身邊擔任奧近習，這兩次事件正好讓他運用從信玄處學來的謀略，從結果看，昌幸深得信玄謀略精髓，比信玄實質的繼承人勝賴更有資格繼承信玄！

❖將權謀術數運用到極致

如果說前面這兩次事件是牛刀小試，那麼一五八二年的真田昌幸可說將權謀術數運用到極致。小豪族的悲哀就在於此，為了在周遭龐大勢力的夾縫中求生存不得不左右搖擺，見人說人話，見鬼說鬼話。這一年，昌幸前前後後換了四位主公。

長篠之役後武田家一蹶不振，織田信長認為武田家不會再成為他「天下布武」的絆腳石，由只有三河、遠江兩國的盟友家康即可對付，信長則上京全力對付棘手的本願寺座主顯如法王和因此組成反擊的第三次信長包圍網。

一五八二年二月一日，信玄的女婿木曾福島城（長野縣木曾郡木曾町）城主木曾義昌透過美濃國苗木城（岐阜縣中津川市）城主遠山友忠向信長投誠，表示如果信長願意進攻武田，他可以為織田軍內應帶路。

信長下令四路進攻，採圍攻態勢壓迫山國甲斐，以信忠為首，成員有瀧川一益、森長可、河尻秀隆、毛利秀賴等將領的信忠軍團，從岐阜城先行出發經伊那口進入信濃；越前大野城（福井縣大野市）城主金森長近從飛驒口、家康從駿河口、前年與信長結盟的北條氏政從關東口進攻，最終目標直指甲斐。

二月十六日，信忠軍越過鳥居峠（長野縣岩尻市與木曾郡木祖村之間），大敵當前，飯田城（長野縣飯田市）城主保科正直（「槍彈正」保科正俊之子）、武田逍遙軒陣前脫逃，只有勝賴的異母弟、信玄的五子高遠城（長野縣伊那市）城主仁科盛信奮勇作戰，然寡不敵眾，高遠城最終為信忠攻下，盛信切腹。

得知木曾義昌叛變的勝賴發兵進攻木曾谷，但聽到高遠城失守後折回，打算死守新府城。然而，駿河口方面信玄另一女婿穴山梅雪亦陣前倒戈成為德川家的前導。三月三日，武田家召開的最後一次軍事會議上，昌幸向勝賴進言放棄新府城，移居到上野山區的岩櫃城，那裡依山而立，大軍難以進入，依此天險號召武田舊將以及當地國人眾，總有辦法守個一兩年，以待天下局勢的變化。勝賴點頭同意。

三月五日，信長從安土城出發派出據佛洛伊

斯記載約有六萬人的大軍團，這絕非信長小題大作，而是他對武田軍下意識的畏懼，只是此時的武田家已非長篠之役前的武田家，更不是信玄時代的武田家。信長軍一路摧枯拉朽，松尾城（長野縣飯田市）城主小笠原信嶺不戰而降。

就在真田昌幸先行返回領地做迎接武田勝賴的準備時，勝賴側近長坂長閑齋光監、跡部大炊助勝資向勝賴進言「昌幸非我武田家譜代重臣，不可信任」。加上一門眾小山田彌三郎信茂也向勝賴勸說前往其居城岩殿城（山梨縣大月市），於是勝賴改變初衷，決定前往岩殿城，結果三月十一日迎接他的並非小山田彌三郎，而是武田家的滅亡。

武田家滅亡後，信長對參戰將領進行領地分配，瀧川一益得到上野一國及信濃國小縣、佐久兩郡。瀧川一則對新領地非常陌生，需要真田昌幸的協助，再者位在信長領地的最東邊，主要敵人是南方的後北條氏和北方的上杉氏，而非領地內的昌幸。因此以昌幸讓出沼田城為條件，瀧川讓信長保有昌幸沼田以外的領地（直屬武將之意，日文為「與力」，也寫作「寄騎」），於是昌幸的主君變成信長。

瀧川一益家紋

未幾，本能寺之變突如其來的變故讓織田家的將領除羽柴筑前守秀吉和黑田官兵衛以外不知所措，假以時日可有所作為的瀧川一益，被迫在人生地不熟的情形下提前與關東最強勢力後北條氏對決，此即該年六月十六日位於武藏、上野邊境的「神流川之戰」（埼玉縣兒玉郡上里町）。

後北條氏第五代當家氏直獲悉本能寺之變後，立刻率領五萬六千大軍北上上野。身在一片完全陌生的領地且國人眾還未完全臣服，以兩萬不到的兵力倉促應戰的瀧川當然不敵已經落腳五代的後北條氏。亟欲在重新分配版圖的清洲會議上佔有發言權的瀧川，顧不得神流川之戰的結果匆忙返回伊勢長島。結果戰敗且棄將逃亡的印象從此烙印在他身上，在清洲會議中淪為配角。

從這一刻起，瀧川一益退出歷史舞台。一益一走，昌幸立刻派軍進入沼田城，驅逐一益的部屬瀧川儀大夫奪回沼田城。

河尻秀隆遭到武田遺臣殺害，穴山梅雪成為明智軍刀下亡魂，森長可與毛利長秀則返回自已在美濃的領地。在甲州征伐戰中得到封賞的武將，本能寺之變後只剩德川家康和木曾義昌仍維持不墜，往昔武田氏周邊的強大勢力後北條氏、上杉氏、德川氏於是展開武田家舊領地蠶食戰，夾在三強當中相對弱小的昌幸，很不幸不僅毫無拓展領地的機會，還必須像風向球般隨著時局改變投靠的對象。

❖不甘不願投靠家康

七月十二日，北條大軍挾戰勝瀧川一益之氣勢進入信濃，首當其衝的便是真田昌幸。清洲會議結束後，織田家即將展開羽柴秀吉和柴田勝家間為爭奪信長繼承權的內戰，無法指望派出援軍，昌幸不得不向後北條氏稱臣。同時德川家康正在併吞甲斐，收容大批武田遺臣欲改造德川軍備，包含昌幸的四弟信昌（投靠德川家後恢復真田姓，改名信尹，官職為隱岐守），信尹幼年曾和昌幸一起在古府中擔任人質，深知兄長的實力因而向家康推薦。

家康因為在三方原之戰慘敗給武田信玄，對武田家有莫名的恐懼，之所以在進攻甲斐時大量收編武田遺臣是為了向已故的信玄學習，此時家康的眼裡昌幸和其

德川家康家紋

他收編的武田遺臣並無兩樣，因此只以保證本領安堵外加甲州兩千貫領地（約六千石）迎接昌幸的加入。該年九月廿八日，昌幸琵琶別抱投靠家康。

家康額外提出兩千貫其實別有用心，他亟欲與交戰中的北條家結束戰爭，觀望來年必會展開的秀吉與勝家之戰，家康想累積實力與這場戰役的勝者交手，進而窺伺天下，因此有必要先行處理與鄰近的北條家和上杉家的關係。上杉有木曾和昌幸做為緩衝，北條已在關東經營五代，地利、人和方面佔有優勢，與之結盟可免後顧之憂，於是提出和北條氏政結盟的請求。

如前所述，北條氏於六月十九日的神流川之戰擊潰瀧川一益後，奄有上野南部，並越過碓冰峠降服小縣、佐久兩郡的豪族，木曾郡的木曾義昌和諏訪郡的諏訪賴忠也降服，北條氏政於是派譜代重臣大道寺政繁坐鎮小諸城（長野縣小諸市），大有席捲武田家舊領的氣勢。

不過上杉、德川也非省油的燈，也想獨吞武田舊領的他們幾乎同時出兵，上杉景勝打著勝賴公妹婿的身分，六月廿二日進入信濃國長沼城（長野縣長野市），以武田家後繼者之姿對北信濃豪族發安堵狀。德川家康在確認山崎之戰由秀吉取勝後轉而進軍甲斐、信濃。北條不想同時與上杉和德川開戰，於是承認上杉氏在本能寺之變後迅速占領的北信濃水內、更級、高井、埴科四郡領地。上杉景勝當時急於討伐越後境內新發田重家等豪族的叛亂，能夠不與北條氏交戰便獲得養父生前未能入手的川中島四郡之地，上杉領地南境推進到真田領附近的虛空藏山城（長野縣上田市），景勝心滿意足而去。

進入信濃的北條軍繼續南下甲斐，八月六日於八岳南麓的若神子城（山梨縣北杜市）佈陣與人在新府城的家康對峙。八月十二日雙方發生小規模衝突，北條另派一支萬人部隊從相模進入甲斐來到御坂峠（山梨縣南都留郡富士河口湖町和笛吹市之間），欲從背後突襲新府城的家康軍。家康派鳥居元忠率兩千餘人埋伏在黑駒（山梨縣都留市）襲擊，前後夾擊家康的計畫於是失敗。

原本投靠北條氏的木曾義昌和諏訪賴忠也在此時投靠家康，北條的小荷駄隊（猶如現代輜重隊）屢屢遭到依田信蕃狙擊使得前線的兵器糧食得不到補充，導致士氣低沉，更要命的是關東名門河內源氏後裔佐竹義重趁機進攻北條氏。九月廿八日昌幸倒戈臣屬家康，聯合依田信蕃、曾根昌世、駒井政直（信玄的家老駒井高白齋之子）等武田遺臣攜手攻下北條氏譜代重臣大道寺政繁坐鎮的小諸城。

從這裡可以看出武田家的沒落不是因為長篠之戰猛將的凋零，武田家之所以在織田軍的猛攻下迅速滅亡也並非長篠之役失去眾多信玄時代提攜的猛將之故，而是武田家武將不願意效忠勝賴。

懂得栽培人才，政權才不會因為特定人物的凋零失去競爭力。一位武將在勝賴底下表現得一無是處，在家康底下卻能發揮戰力，很明顯問題出在勝賴身上。

事已至此，北條若再不停戰媾和，深入甲信的軍隊恐怕無一生還。時序進入十月，佐竹義重開始進攻上野館林城（群馬縣館林市）。約在同一時間信長次子北畠信雄、三子神戶信孝派遣使者希望家康與北條氏政和睦相處，家康於是有台階可下，議和並非出自本心，而是依已故盟友之子的提議。平心而論，家康此時駿河、甲斐和南信濃入手不到半年，民心並不穩定，實際上能夠充分運用的只有三河和遠江，打持久戰不見得比北條氏佔上風。最後，十月廿九日家康與北條氏政締結同盟。

❖成為家康談判的犧牲籌碼

從家康與北條同盟的過程中可以看出，不管家康內心多麼渴望和談，總是表現出若無其事的樣子，以淡定的態度讓對方急躁，讓對方主動求和以爭取更多的利益，清洲同盟如此，與北條家的同盟如此，兩年後在小牧・長久手之戰和秀吉的議和如此，大坂冬之陣的議和還是如此。

德川家康高明之處還在於善用軍事上接近完美的勝利掩飾自身國力的不足，讓對方以為家康有打持久戰的實力，藉以取得和對方平起平坐的地位。此外還擅長以「看在故人之子出面斡旋的情況下，不得不允其所請」與對方結盟，能夠讓比自己強大的對手主動結盟或提出議和，這樣才不會成為對方的附屬（信長後來對待家康猶如部屬是因為信長領地飛快成長，在清洲同盟締結之初，信長確實是將家康當盟友看待）。

前面提到家康「以保證本領安堵外加甲州兩千貫領地迎接昌幸的加入」，便是基於與北條氏締結的同盟內容。家康並未考慮昌幸的感受就逕自與北條談妥將沼田城做為領地交易的籌碼，與今日大國間為了本身利益不惜犧牲周遭小國做為談判籌碼的舉動並無兩樣。昌幸終其一生對家康沒有好感，可說源自於此。昌幸拒絕執行將沼田城移交北條氏，為此招致與德川家一戰，容後再敘。

轉 或德川或豐臣，夾縫中求生存

❖築新城捍衛領地

德川家康不顧昌幸的感受，以沼田城歸還為條件和北條締結同盟，面對無理的要求真田昌幸不願屈服，派叔父矢澤賴綱為沼田城代，成功於一五八二年年底擊退鉢形城主北條氏邦率領的五千軍，昌幸本人則前往信濃真田鄉鎮守，以防擁有川中島四郡的上杉景勝入侵。

在武田家未滅亡前，上杉與真田之間隔著武田，儘管這道防線在高坂彈正病逝後（一五七八年）不怎麼穩固，好歹還有安全距離。武田家滅亡後，歷經德川、上杉、北條的瓜分，真田的發源地小縣郡緊鄰上杉的新領地川中島四郡，安全距離已不復存在，因此昌幸築一座新城取代原有的戶石城以捍衛信濃部分的領地。

上田真田氏本城跡／網友月翔提供

昌幸之父幸隆曾以金錢買下讓信玄無功而返且吃下敗仗的戶石城，由此不難想像固若金湯的程度。事實上戶石城是一座四合一的山城，東邊是標高一千三百公尺的東太郎山，山腳下由東而西依序是桝形城、本城、戶石城以及米山城，雖命名為戶石城，但城的主幹是本城。在戰國時代前期性質為山城的戶石城，主曲輪（也寫做「郭」，圈繩定界後開始分配城郭的區域、大小以及形狀。戰國前期多半只有主曲輪，戰國末期迄至江戶時代，曲輪的構造變得複雜，出現多重設計，曲輪改稱為「丸」，即一般所謂的本丸、二丸、三丸、西丸等）內只需有領主居館和部分重臣宅邸即已足夠；但是到戰國末期，在山上築城變得不切實際，除了易守難攻可說一無是處，許多戰國大名紛紛改在平地築城，城郭構造改為平城或平山城（城址位於平地中的丘陵），因此昌幸不僅捨棄戶石城，新城位置也遠離山區，選擇戶石城西南邊上田盆地中央做為新城址。

不過，真田昌幸尚臣屬於德川家康，要在上田築新城必須得到家康的同意才能動工。對家康來說，昌幸面對上杉領地的最前線，讓他築一座新城有助於抵擋上杉南侵，對家康的北防無疑有益。然而這麼一來就無法對北條交代，昌幸至今仍未移交沼田城，不僅如此還擊退前往接收的北條軍，與北條同盟的家康不僅不督促昌幸交城，反而還贊成昌幸另築新城。由於北條和上杉也處在不友善的狀態，為杜絕北條氏的責難，「防範上杉入侵」成為家康最好的擋箭牌。一五八三年三月，昌幸因此得以建築新城。

但事實是昌幸在家康的授意下，三月廿一日先行進攻足以威脅真田領的虛空藏山城，進攻同時家康立即准許昌幸築城。真實情況很有可能是這樣的：家康默許昌幸攻打上杉，此舉勢必引來上杉勢力的反撲，如此一來，昌幸就有「防範上杉入侵」理由在上田築城，沼田城的移交也因此堂而皇之的順延。

上杉家應該知道家康的計謀，卻無法坐視川中島四郡遭到入侵，五月，景勝派一門眾上條政繁為信濃海津城主，根據《上杉家文書》記載，景勝給予政繁「關於信濃川中島四郡有專決的權力」，一步一步走進家康與昌幸佈下的陷阱。

昌幸築城的預定地，位在上田盆地中央一處名叫尼淵的直立斷崖邊，是個由周圍千曲川沖積而成的天然要塞，除控制上田盆地外，更有山道通達真田鄉以及連接上野國吾妻郡的真田道。上田盆地腹地廣大，北邊通往越後、東邊通往上野、往南前往甲斐、西南抵達諏訪和南信濃都很便利，新城竣工後可憑此腹地發展為城下町，的確是個築城的理想地點。新城最初名為尼淵城或海士淵城（也稱為松尾城或伊勢崎城），完工後改名上田城，這是兩年後第一次上田合戰結束後的事。

關原之戰結束後，為報復據此城抵禦德川秀忠的昌幸父子，上田城遭到毀壞，今日的上田城是仙石秀久三子忠政於一六二二年入主上田藩後予以重修。當時天守閣的建築樣式已頗為普遍，但昌幸的經濟能力能否負擔令人質疑，沒有天守閣或許較為可信。

❖背棄德川改投上杉

真田昌幸築上田城期間，天下大勢也在悄悄變化，「清洲會議」關係惡化的羽柴秀吉、柴田勝家到了必須決戰以決定霸主人選的地步，勝家及其與力的地盤都在北陸，隆冬期間的積雪讓勝家無法出兵。秀吉趁著隆冬休兵期間與昔日織田家東西兩邊的強敵上杉家、毛利家達成和解。

一五八三年二月中旬，秀吉進攻北伊勢。在秀吉進攻長濱、岐阜時都保持沉默的勝家，這一次等不到北國融雪便出兵南下，此即有名的「賤嶽之戰」，此戰在柴田勝家全面敗北下結束。敗北的勝家、信孝、一益三人之領地秀吉迅速在戰後重新分配，丹羽長秀、池田恆興、

因賤嶽之戰名聞後世的「賤嶽七本槍」圖

前田利家、織田信雄等人都大嘗甜頭，出兵最多的秀吉反而一無所獲，依舊維持清洲會議後分配到的領地，也就是山城、河內、丹波三國再加上更早之前擔任中國方面軍司令官時的領地播磨、但馬不過五國，遠遠不如關東的北條氏、中國的毛利氏以及九州的島津氏。

然而優勢有時不能光從數量判斷，秀吉將賤嶽之役的捷報通知各地大名，以秀吉的個性在對各地大名報捷的同時必不會忘記自我宣傳，「信長繼承人」逐漸成為大名對他的印象，這點筆者認為才是秀吉最大的優勢，領地比秀吉更多的北條氏、毛利氏、島津氏並不具備這樣的優勢。

賤嶽之役結束後，天下局勢無疑走向對秀吉有利的局面，就連對織田家內戰採取不介入的家康也感受到秀吉的壓力，為避免秀吉的影響力滲透至西、北、東三股比鄰勢力構成對家康威脅，家康除拉攏織田信雄與之結盟外，更要鞏固與北條家的同盟，於是同年八月將次女督姬送進小田原城，與北條家正式締結同盟。

但光是通婚締結同盟還不能安心，一五八四年家康與盟友信雄和秀吉展開「小牧・長久手之戰」，兵力盡出的家康不容許有人趁機攻佔其後防，決定做人情給北條家，因此強逼昌幸交出沼田城給北條，但遭昌幸拒絕。昌幸拒絕家康的同時，也割斷與家康的從屬關係。對昌幸而言與家康、北條的戰役勢在必行，所以他無論如何必須爭取與上杉景勝結盟，至少要讓景勝保持中立，假定局面演變為家康、景勝、北條三強同時出兵，昌幸縱有再大能耐也必死無疑。

❖第一次上田合戰

對於昌幸背棄自己，投靠上杉景勝，家康覺得難以容忍。須知家康雖在小牧・長久手之役幾乎是憑一己之力擊敗兵力大過他數倍的秀吉軍，但雙方僅是針對戰役講和、互換人質，等同休兵狀態，家康尚未上洛向秀吉稱臣，仍處於對立局面。昌幸在此時投靠與秀吉同盟的景勝，對家康來說等於是投靠敵對陣營，因此家康決定出兵討伐昌幸所在的上田城。

七月十一日，已經平定紀伊雜賀眾、四國長宗我部元親、越中佐佐成政的秀吉被朝廷封為「關白」，由於秀吉—景勝—昌幸的同盟已能深入家康新領地甲斐，家康不得不去巡視這塊雖已納入掌中卻還不甚穩固的新領地。

在巡視完甲斐、回到濱松城欲動員兵力進攻上田前夕，家康卻病倒。家康病倒推遲進攻真田的計畫，痊癒後也不得不改變原本親自率軍進攻的打算，如果家康此時沒有生病親自率軍進攻上田城，即便有昌幸的鬼謀神算，能否取勝還在未定之天。

如前所述，昌幸不見得需要景勝派出援軍，

但無論如何不能讓景勝站在家康、北條陣營。為化解先前的仇怨，昌幸帶著次子源次郎信繁親自前往越後春日山城拜見景勝，要他在春日山城當人質，藉以取得景勝的信任，這是七月十五日的事。

危機往往也是轉機，在春日山城會見景勝的結果大出真田父子意料，雖然上杉不派援軍是意料中事，景勝卻要昌幸帶源次郎回上田與德川軍作戰，這種作風大大違反戰國時代不成文的規定。景勝的做法或許是要對外宣傳他是上杉謙信的繼承者——不僅繼承他的血脈更繼承他的作風，或許是打從內心同情真田家，或許是唇亡齒寒：真田如果被消滅，自己就要面臨德川、北條的威脅。不管如何，這個莫大的恩澤讓昌幸在十五年後做出與多數大名不同的抉擇……

真田父子返回上田城後，召回駐守沼田、防範北條軍入侵的長子源三郎信幸，畢竟對昌幸而言，德川軍才是如坐針氈的大敵。岩櫃城包含城代昌幸的堂弟矢澤三十郎賴康等多數兵力在內也外調至上田，北條軍進攻的最前線中山城（群馬縣吾妻郡高山村）帶來的威脅，只好委由沼田城代矢澤賴綱和名胡桃城代鈴木主水全力防禦。

原本說好不派兵支援的上杉景勝，在八月十七日命海津城代須田滿親集結信濃眾前來上田支援，為何景勝會改弦更張呢？或許是受到秀吉的指示。《真武內傳》記載景勝的援軍為六千五百，但筆者認為既然是信濃眾，兵力應該有限，如果景勝援軍有六千五，再加上昌幸本身的兵力應該超過八千，與不久後即將到來的德川軍不相上下，謹慎的家康應該不會貿然開戰。

昌幸本人和源次郎信繁鎮守上田城，長子信幸鎮守戶石城，矢澤賴康鎮守矢澤城（長野縣上田市），當地豪族丸子三左衛門鎮守丸子城

（長野縣上田市），四座城兵力合計不到兩千，絕大多數是農民，於一五八五年閏八月二日面對德川大軍到來。

兵力八千（這次戰役德川的兵力有八千到一萬的說法，有些學者認為幕府方面為保全面子故意將兵力縮水，不過筆者仍採用八千之說）的德川軍由遠江二俁城（靜岡縣濱松市天龍區）城主大久保新十郎忠世擔任總大將，副將大久保彥左衛門忠教（忠世、忠佐之弟，《三河物語》的作者）、鳥居元忠（甲斐都留郡谷村城主）、平岩親吉（甲府城代）、柴田康忠（早年曾鎮壓「三河一向一揆」）等人以及投靠家康傘下的信濃豪族如諏訪、保科、屋代、依田、下條、知久、遠山、岡部等勢力從諏訪沿北國街道而上。家康大病初癒，雖想親征，受到家臣勸阻，事後看來應該是該役最大的變數。

❖千方百計痛擊德川軍

信濃諏訪郡豪族諏訪賴忠和真田昌幸同樣在德川、上杉、北條三強間的夾縫中求生存，由於剛投靠，為取得家康信任，賴忠扛起先鋒角色，在戰國時代任命臨時投靠的小豪族打先鋒是天經地義的事。大久保忠世的前頭部隊想試著招降丸子城被拒，這座城並不是此戰目的，德川軍招降不成並不放在心上，越過該城繼續沿著千曲川北上。

與千曲川匯合的是支流神川，渡過神川後上田城就近在眼前，對諏訪賴忠而言，搶先渡過神川有助於搶下頭功。可就在渡河時對岸響起鐵砲聲，真田的長槍兵從河邊草叢衝出殺入諏訪軍，待後方的柴田、岡部到來時，真田軍隊已安然撤走。

陣形受挫的德川軍重新整隊後，突然一位少年武將率領一支兩三百人部隊衝入德川軍中，原來是真田昌幸長子源三郎信幸，他就和先前的部隊一樣突然殺入又快速整隊離去，讓德川軍措手不及。德川空有大軍無奈在河岸難以擺出陣形，每當整好隊伍要與之決戰，對方總是快速離去。如此反覆多次，即使是大久保忠世、鳥居元忠這種的百戰之將也不免急躁，愈是想追擊重要性僅次於昌幸的信幸，前頭部隊就愈是全力衝刺，後頭部隊則不時遇上真田部隊從後方的襲擊。

昌幸知道自己兵力薄弱，因此全軍分成好幾支部隊，巧妙利用地形神出鬼沒的偷襲德川軍，然後毫不戀戰、快速離去，讓德川軍始終處在挨打的情形下，也讓率軍將領產生「真田軍的實質兵力並不少」的錯覺。

為加速引誘德川軍直撲上田城，昌幸不惜以信幸為誘餌，讓他率領一支人數

修復後的真田氏居館／網友月翔提供

不多但機動力極快的部隊，當護衛信幸的人數因與德川軍交戰而有所減少時更激勵德川軍向前追擊。不知不覺中追擊的德川軍已來到上田城外，真田軍略作抵抗旋即退入城內，閉鎖城門做籠城戰。對大久保忠世、鳥居元忠而言，截至攻城之前雖略有犧牲，但這在任何攻城部隊是可以接受的範圍內。繼續攻城雖會擴大犧牲人數，然而城門在前，就此收手無異為山九仞。

令人意外的是，真田軍並未做太大抵抗便放棄城門。如果統帥是家康，應該會質疑真田軍為何如此不堪一擊而不盲進，但是大久保、鳥居一路挨打，如今有機會把真田軍逼到城內殲滅，當然不會放過。德川軍進城後仍一路暢行無阻，最後到了昌幸所在的本丸外面，只要爬上石垣就能登城，終結真田一族在小縣郡的統治。

德川軍爭先恐後登城，突見巨木、巨石從城上紛紛滾落，接著四周鐵砲聲大作，原本撤退逃散的真田軍不知何時出現，向德川軍殺來。大久保忠世知道，雖然保有數量上的優勢，但是慌亂讓德川軍猶如待宰羔羊，以目前的情勢別說要消滅真田，搞不好會全軍覆沒，因此當機立斷下令撤退。

之前橫行無阻直驅直入城的最深處，如今要撤退大久保方知並未顧及城內狹窄的街道不利大軍行進，加上沿路真田軍佈下「千鳥掛柵」等障礙物延緩撤退的速度。好不容易即將退到城門，卻發現熊熊大火阻礙撤退，只得迎擊主帥昌幸親自出陣、士氣高昂至極點的真田軍。

等到折騰一番的德川軍終於退出上田城，撤退到神川正涉水而過時，迎面襲來的竟是神川的河水。原來昌幸事先堵住河水，算準德川軍敗退時必會涉水渡過神川，再放開堵住水源的堤防。德川軍進攻和撤退路線都在昌幸掌控之中，如此充分運用地利，德川軍哪會有勝算？

❖以寡擊眾的真田本色

總計此次德川軍的傷亡約在一千三百人上下，真田軍的損失則微乎其微，不足百人，勝負相當明顯，德川方的武將之一大久保彥左衛門日後在《三河物語》提到此役如此回憶：

……大久保忠世通知在神川對岸的平岩親吉：「如果不能渡河過來，至少在對岸擺開陣勢迎戰。」

平岩沒有回覆。迫於無奈，大久保轉而對鳥居元忠下令，鳥居亦無回覆。大久保只好再向保科正直下令，然保科懾於真田軍猛烈攻勢，頗有畏縮之態。

大久保甚為火大，怒罵道：「給你們這些膽小鬼分地分糧，真是浪費！」此時，其弟平助（彥左衛門忠教）策馬前來，對大久保說道：「兄長，請盡快讓鐵砲隊出陣！」

大久保氏家紋

「雖有鐵砲，然缺彈藥。」

「別說笑了，快點讓他們上！」

大久保忍不住怒道：

「你給我閉嘴！你沒看到我方部隊都嚇傻了，根本無法作戰，要是他們還能上，我就不會說沒彈藥。」

德川軍多半喪失戰意，連不會喝酒的人都拚命灌酒，藉此壯膽，然而拚命灌酒的結果是步履蹣跚、東倒西歪……

很難想像在德川家全盛期的家康時代，德川軍會有如此狼狽的時候。上田城敗戰的消息傳到家康耳裡，他的反應除憤怒外，更多的應該是意外吧！沒想到除武田信玄外，當世還能有人擊敗德川軍，而且是以前武田信玄的信濃先方眾之後！

家康知道「進攻彈正」（攻め弾正）真田幸隆的本事，但並不清楚他那個在此之前始終只在信濃北部作戰的兒子實力如何，逕自認為昌幸不足為懼，於是再度派出由四天王之一的井伊直政以及大須賀康高率領五千餘援軍趕赴上田。另一方面，得知昌幸繳出亮眼戰果的景勝也令家臣藤田能登守信吉率領六千餘兵力馳援上田，《真武內傳》記載的上杉援軍應該是這個時候。

這麼一來，上田將會有萬餘兵力在此廝殺，與景勝結盟的秀吉大概會被牽扯進來，加上盟友北條氏邦、氏照的軍隊剛在沼田城被矢澤賴綱擊退，能提供的火力很有限，有可能演變為德川獨挑秀吉・上杉・真田同盟，這樣的對決有沒有勝算呢？相信家康心裡很清楚。

十一月十三日，家康自三河時代以來的譜代重臣石川伯耆守數正突然離開德川陣營，投靠秀吉。石川數正的出走遠比上田城的敗仗更讓家康震驚，原因至今仍有不清楚之處，然而若認為石川數正的叛逃是造成家康停止進攻上田的理由，不僅將家康這個人看得膚淺，也把歷史因素看得太過簡單。

❖秀吉口中的「表裡比興者」

第一次上田合戰在確定真田獲勝後，為報答上杉家提供援軍，昌幸立即要源次郎信繁率領數名隨從前往春日山城當人質，這時為一五八五年九、十月。上杉景勝並未把源次郎當人質看待，將原為上杉家但後來倒戈到德川家的信濃眾屋代左衛門尉秀正（在【信長之野望】系列名為「屋代勝永」，「將星錄」以後開始收錄）的舊領地三千貫中撥一千貫賜給幸村，身為人質卻得到領地賞賜，不管中外都屬罕見。

翌年六月，上杉景勝與有「天下的陪臣」之稱的家老直江兼續上洛向秀吉稱臣，從同盟關係轉變為臣屬。透過秀吉的運作，景勝得到從四位下左近衛權少將的官職，兼續則封為從五位下山城守。八月三日，秀吉給返回領地的景勝寫信，由於昌幸領地位在德川和北條的前線，秀吉在信中要景勝盡可能支援昌幸，並對景勝說道：「真田是表裡比興者，必須顧及可能的風險，我認為家康必會出兵以雪上田城敗戰之恥，因此請你要幫助真田。」表裡比興者，即反覆無常、難以揣度之意，秀吉在給景勝的信上寫下的觀感從此成為昌幸的定評。

一五八六年十月，百般不願的家康終於上洛謁見秀吉，還娶秀吉胞妹朝日姬為正室。家康也好，景勝也好，昌幸也好，到一五八六年十月都已臣服秀吉，既已臣服，三方就不能再兵戎相見，儘管家康對上田城的敗戰念念不忘，卻再也沒有出兵的口實。

豐臣秀吉畫像

秀吉命昌幸成為家康的與力大名，再對比秀吉將自己的生母阿仲（日後稱為「大政所」）送往岡崎當人質才換來家康上洛，不難發現為懷柔家康，秀吉可說是放下身段討好家康，只要能哄得家康上洛向這位新科關白稱臣，對秀吉而言，昌幸成為家康的部屬無關痛癢。同時歸屬家康的信州豪族，還有小笠原貞慶（小笠原長時三子）以及木曾義昌，三人之中只有昌幸在關原之役時走上與家康對立的陣營。

一五八七年正月初七，昌幸帶著長子信幸來到家康正在動工的新居城駿府城拜見家康。為除去昌幸內心的不滿，家康決定借由締結婚姻提高真田家的地位，昌幸次子源次郎此時正在春日山城當人質，家康於是鎖定昌幸的長子信幸。但是家康的女兒皆不合適，於是在兄弟、重臣之間挑選年齡、個性恰當的女子，最後雀屏中選的是家康首席猛將本多平八郎忠勝的長女小松殿（幼名稻姬），這位女性相信許多讀者不管是透過【信長之野望】系列或是【戰國無雙】系列，對她有一定程度的了解。

決定人選之後，德川家康立即收小松殿為養女並向真田昌幸提出婚事，口氣雖客

家康的駿府城鳥瞰圖

氣卻不容昌幸回絕，昌幸只得以要徵求信幸的同意做為緩兵之計。在昌幸父子離開駿府之前，小松殿的生父本多忠勝和養父家康與信幸會晤，雙方洽談甚歡，目睹此景的昌幸知道他即將永遠失去這個兒子……

❖起跑太晚，夾縫中求生存

之後，昌幸帶著數名隨從在家康的引介下前往興建中的大坂城謁見秀吉。秀吉對打敗德川軍的昌幸自然讚賞不已，當他從昌幸口中得知信幸即將成為德川家女婿後，隨即向昌幸要走另一個兒子：在春日山城的源次郎必須改到大坂城當人質。

小豪族的悲哀從從這裡就可以看出：家康因擊敗秀吉而得到豐臣政權第一把交椅的地位，昌幸擊敗德川得到的卻是繼續在豪強夾縫中求生存。筆者認為除運氣外，這與真田家在戰國時代的領土擴張中比其他勢力慢了許多不無關係，如此劣勢要在昌幸這一代挽回並不容易，這應該是昌幸畢生最感慨之處吧！

不過對昌幸而言，秀吉比家康更容易親近，儘管秀吉跟他要走幸村當人質，他對秀吉還是感激不已，是故主信玄之外第二個令他折服的人。據說他回到上田後命畫師畫上秀吉肖像，掛在壁龕上，朝夕朝拜，即便關原之役後被流放到紀州九度山這個習慣依舊不變，直到辭世為止。

一五八七年夏季即將結束的六月底，整個西國已全部向秀吉降伏，聲望日隆的秀吉開始計畫興建聚樂第（京都府京都市上京區），往返於京都、大坂兩地，另外還有種種要務在身。即便如此忙碌，秀吉仍抽空接見遠道而來的昌幸。在客套性的寒暄後秀吉立即將話題導入幾年來真田、德川、上杉、北條四家爭奪的沼田城上，為展現天下霸者的氣度，秀吉向昌幸保證一定會妥善處理這個問題，但昌幸必須交出沼田城。

一五八八年二月十四日，本多佐渡守正信率領七十餘名送親隊伍離開駿府城越過碓冰峠，於十六日進入上田城，十八日舉行婚禮，新郎真田信幸廿三歲，新娘小松殿十六歲，新郎生父真田昌幸四十二歲，新娘生父本多忠勝四十一歲，新娘養父德川家康四十七歲。

❖小松殿嫁入真田家的逸話

關於小松殿嫁入真田家後的逸話主要有二，一為關原之戰時立場迥異的昌幸想藉由探望長孫孫六郎（信幸長子信吉）之名巧奪沼田城，不過小松殿以各為其主，立場既異在戰時便無所謂的親情為由拒絕昌幸入城。

一為真田信幸在小田原征伐後因功被封為沼田城主，真田從此一分為二：昌幸在上田城的本家以及信幸在沼田城的分家。某次秀吉的命令在經由家康告知沼田分家之前，信幸已先從上田本家處得知。兩天後家康的使者安田某才姍姍來遲，剛對信幸轉達完家康傳遞的消息，小松殿突然出現怒道：「我們原本就應該比上田本家先得到通知，為何結果卻延遲了？這樣的錯誤嚴重傷害我從德川家嫁來的目的，影響大人對德川家的印象，你該在大人面前切腹謝罪！」

信幸原本以為使者會辯解一番，沒想到使者默然，接著態度從容拿出短刀，向信幸施禮說道：「伊豆守大人，請您看仔細了！」說完，拿起短刀就要切腹。信幸制止他，說道：「毋須如此，我知道了。」用這句話將整件事輕輕帶過。

安田還是一副只要信幸反悔再要他切腹，他隨時可以再進行切腹的神情。得到信幸的寬宥後，小松姬跪伏在信幸面前，信幸內心受到極大震撼，暗想：「原來這就是德川武士的三河魂……」安田回到江戶後，家康立即派出使者前往沼田，為訊息的延遲傳達鄭重致歉，並保證不會再有下一次。

不少學者或戲劇小說作家認為第一次上田合戰昌幸向天下展現實力，為真田家帶來好運，筆者認同「昌幸向天下展現實力」，但「為真田家帶來好運」則未必。上田合戰昌幸擊敗德川固然難能可貴，因此得到秀吉、家康等周遭勢力的敬重，小田原征伐後沼田城失而復得，昌幸長子信幸被任命為該城城主，真田家因此一分為二。隨著秀吉的病入膏肓，上田本家和沼田分家因政治立場的不同漸行漸遠，終於在秀吉死後的關原之戰投向不同陣營。

有人認為狡猾的昌幸故意讓信幸和幸村投靠不同陣營，如此一來不管東軍或西軍獲勝，真田家都能得到保全，但是得到保全的一方必須承擔失去另一方的痛苦以及內心的愧疚，在愧疚中過完餘生，未必比失去領地遭到流放來得好。關原之役後信幸接管父親的上田領地，上田城內有著昔時父子三人一起對抗入侵的德川軍共同回憶。在無數個夜裡，對比自己的繁華生活，信幸對遠在九度山過著流放生活的父親和弟弟，內心想必滿是愧疚，這樣難道可視為真田家的好運嗎？

❖北條欺昌幸，秀吉討公道

一五八七年，昌幸來到興建中的大坂城謁見秀吉，當時秀吉即將前往九州討伐島津氏，在出征前就和昌幸談到如何解決沼田城的歸屬。秀吉希望昌幸將沼田城交給北條，以平息多年來真田、德川、上杉、北條四家的爭奪。秀吉對昌幸有救命之恩，昌幸自是不便再堅持，秀吉表示會從信濃伊那郡撥出一萬兩千石領地補償昌幸的損失，上野的岩櫃城、名胡桃城也不用交給北條，顯然秀吉不希望昌幸失去太多領地，以免他心生不滿。

取得昌幸的同意之後，秀吉隨即向北條家傳達：「真田家願意交出沼田城，因此岩櫃城、名胡桃城維持現狀繼續由真田家治理，希望你們和真田就此和睦相處。」希望北條氏直會感激，進而像家康那樣上洛向秀吉稱臣，如此一來，便可兵不血刃將關東完全納入掌控。孰料北條家認為沼田原本就是他們的領地，真田必須再交出名胡桃城方能議和，還對秀吉說道：「只要把名胡桃城給我們，岩櫃城我們可以放任給真田家！」

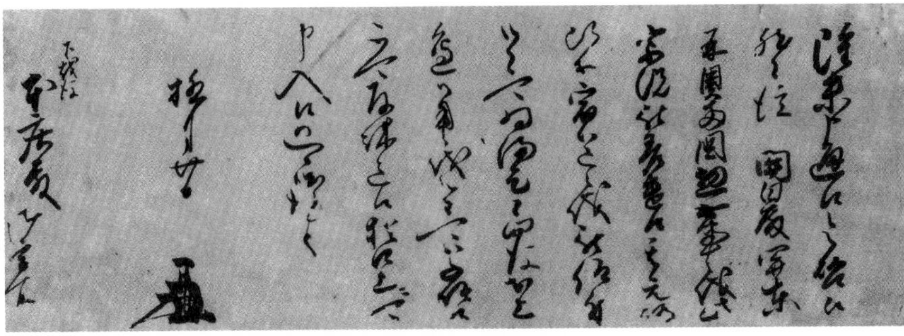

秀吉頒布的〈物無事令〉

北條家敢如此有恃無恐的不理秀吉一再傳達的上洛要求，在於他們擁有一座難攻不落的天下名城小田原城，在永祿、元龜年間，小田原城曾擋住上杉謙信及武田信玄的進攻，普天之下能擋住「龍」「虎」疾風怒濤般攻擊的唯有此城。「小田原城是座天下無雙的堅固之城，就算秀吉大軍壓境亦能固若金湯！」北條家對盟友家康透露這種想法，一定也會傳到秀吉耳裡。

面對秀吉的再三催促，北條家後來終於派人上洛，但是並非秀吉期盼的第四代家督氏政或第五代家督氏直，而是氏政的四弟氏規。他於一五八八年八月十日從小田原城出發，十七日進京，廿二日秀吉於聚樂第款待他，並讓他遊歷包含大坂城在內的京坂等地，廿九日氏規踏上歸途。秀吉希望氏規返回小田原城後，能將此次上洛的見聞轉達給氏政、氏直，讓這兩代家督知道秀吉的強大，與秀吉為敵決非明智之舉，進而讓他們其中一人上洛。但是氏政、氏直又一次讓秀吉失望。

一五八九年七月廿六日，昌幸將沼田城移交北條，由於昌幸此時隸屬於家康，因此家康派出手下四天王之一的榊原康政前往監督兩家的交接。孰料北條家卻派出將近兩萬的軍隊前來接收，如果沒有榊原康政前來監督，誰知道這兩萬大軍在接收沼田城後會不會順便進攻名胡桃城、岩櫃城呢？

成為北條家新領地的沼田城由防禦北條領地北端的北條氏邦管轄，氏邦必須坐鎮鉢形城，於是將沼田城賜給重臣豬俣能登守邦憲。十月廿三日（一說十一月三日），豬俣能登守突襲守兵有限的名胡桃城，未幾攻下該城，該城城主鈴木主水（重則）於沼田城外的正覺寺切腹以示負責。得知名胡桃城失陷的昌幸固然憤怒異常，但面對來勢洶洶的北條軍昌幸自知勝算不大，與其舉兵奪回，不如讓秀吉主持公道。

對秀吉而言，北條此次出兵違反他頒布的**〈惣無事令〉**，光是這點便有出兵討伐的理由；其次，這次事件最大的受害者昌幸在失城之後並未貿然出兵奪回，可見昌幸希望自己能夠出面討回公道，可說相當信任自己。至於北條家，秀吉對其始終不肯上洛稱臣一事已失去耐性，正可藉此違反〈惣無事令〉為由，動員全國大名出兵小田原，討伐北條為昌幸主持公道。

其實動員東國以西的大名討伐北條已綽綽有餘，但秀吉仍把動員令下達到關東其他大名和他勢力未及的奧羽地區，目的是要看這些地方大名的反應，做為日後領地重新分配的依據。

❖大砲打鳥的小田原征伐

十一月廿四日秀吉向天下大名廣發檄文，羅列北條家五條罪狀，要各路大名出兵征討北條家，於是畿內、西國、甲信、北陸、東海各地大名開始動員，各路大名匯集的兵力高達廿一萬餘。十二月十日秀吉在聚樂第召開軍事會議，會中確定征討北條的作戰方針。

二月廿八日，秀吉進入禁裡御所向後陽成天皇辭行，天皇仿照古代中國為出征的大將賜予節刀的賜給秀吉御刀。三月一日，秀吉從聚樂第率領二萬八千大軍動身，據說大軍行經御所前，後陽成天皇還命人搭建一高台，走出深居的御所來到高台前為秀吉送行。在武家政權時代以現任天皇之尊為臣下出征送行，後陽成天皇當屬首例！

大軍從橫跨鴨川的三條大橋離京，之後一路上秀吉猶如遊山玩水般放慢腳步，三月五日進入尾張清洲城，十九日才抵達德川家康的居城駿府城，接著將本陣設置在先前才由豐臣秀次率軍攻下的沼津。沼津位於駿河國東邊靠近伊豆半島，是鄰近北條領地的最前線，秀吉這路

惣無事令（そうぶじれい）

豐臣秀吉禁止大名之間私鬥的法令。戰國大名之間如有領土糾紛，必須透過豐臣政權的裁判以和平方式調解，不可動用武力解決紛爭。秀吉擔任關白之後，於一五八五年針對九州地方，以及一五八七年針對關東、奧羽地方兩度頒布〈惣無事令〉，為增加自己的權威，〈惣無事令〉都以天皇命令的形式頒布。

然而島津義久、北條氏政這些地方大名並不遵從，這給了秀吉對九州征伐、小田原征伐找到出兵的大義名分。小田原征伐後主要的奧羽大名如伊達政宗、最上義光、南部信直紛紛歸順，將奧羽版圖重新分配後（奧州仕置）天下完成統一，可以說秀吉的天下統一是構築在〈惣無事令〉上。

軍兵力將近十六萬五千人。

另一方面，自從秀吉決定征討北條後，在大坂當人質的幸村被允許返回上田。進入一五九〇年，真田昌幸開始動員領地內的兵卒，二月廿五日昌幸率領三千兵力從上田出發，三月二日越過碓冰峠，紮營等待前田利家、上杉景勝的到來，加上投靠家康的依田信蕃之子康國，這一路軍總兵力為三萬五。

三月廿八日，北路軍進攻北條家重臣大道寺政繁駐守的松井田城（群馬縣安中市）；翌日，秀吉本軍分兩路進擊伊豆的山中城（靜岡縣三島市）和韮山城（靜岡縣伊豆之國市），前者一天攻下，後者則是整個「小田原之陣」費時最久才攻下。

四月十九日，在三萬五大軍強攻下，只有兩千多守軍的大道寺政繁於翌日開城投降，接著北條家在上野的其他支城不是不戰而降，就是稍做抵抗便敞開城門。進入五月，北路軍繼續南下，到六月中，上野的館林城（群馬縣館林市）、武藏的岩槻城（埼玉縣さいたま市岩槻區）、鉢形城、八王子城相繼失陷，小田原城以北除忍城（埼玉縣行田市）之外差不多都已易幟。

❖忍城之戰：北條唯一亮點

北條家在一連串戰役中唯一亮點只有忍城之戰，在作家和田龍的生花妙筆下，獲得全城將士及百姓愛戴的守將成田長親粉碎石田三成水淹的計謀，幾位武將如甲斐姬、柴崎和泉守、酒卷靭負屢次擊退豐臣軍。然而這種局部勝利對北條家已成的敗局並無回天扭轉之力，而且豐臣軍兵敗忍城很大原因在於統帥石田三成不諳軍事，如果由昌幸指揮，也許早在小田原城攻下之前就已手到擒來。

東西寬五十町（一町約等於一〇九公尺，五十町約五．五公里）、南北長七十町（約七．六公里），外圍長達五里（約二十公里）的超級巨城小田原城，終於在七月六日開城投降，沼田城重歸真田家，名胡桃城因失去戰略地位而成為廢城。信幸因攻下松井田城有功，被秀吉任命為沼田城主，從昌幸領地中分得二萬七千石成為一小大名。

至於造成小田原之役的元凶北條家臣豬俣邦憲，戰役結束後據說被豐臣家捉到處以磔刑，但是近來亦有未死去出仕前田家的說法。拜他無謀出兵攻佔名胡桃城之賜，歷代【信長之野望】系列他的政治值低到只有個位數。

合

兩邊下注保住家族

❖六文錢的由來

在進入尾章關原之役前，筆者想來談談一般讀者應該也會感興趣的話題：真田家的六文錢家紋。

滋野家的家紋為「月天七九曜」或「月輪七九曜」，三家分家海野、望月、禰津最初也使用這個家紋，漸漸地，三家除繼續沿用「月輪七九曜」外還增加個別家紋，海野家使用的是「州濱」「結雁金」（結び雁金）以及「六文錢」三種家紋；望月家是「九曜」和「下垂藤蔓」（下り藤）；禰津則是「圓月」（丸に月）。一般說法是真田幸隆投靠武田家後，經年累月的立下戰功而換來「進攻彈正」的稱號，於是武田晴信將「六文錢」賜給幸隆做為旗印使用，意即作戰時奮不顧身。

「六文錢」做為家紋之前早已在日本廣泛使用，家紋的六文錢屬於「錢紋」類（織田信長

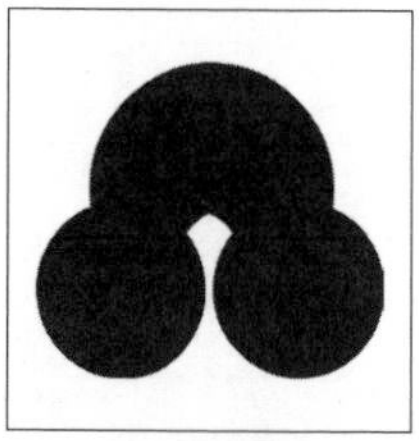
州濱紋

結び雁金紋

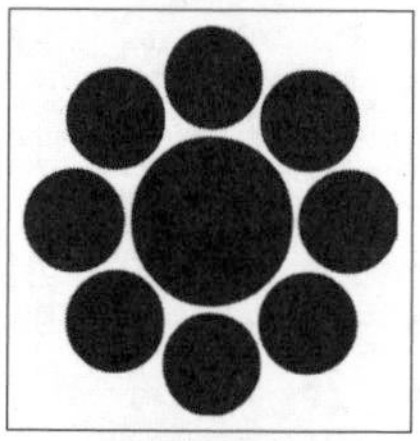
九曜紋

下り藤

的旗印「永樂通寶」也屬此類），又稱為六連錢、六紋連錢，但是做為佛教用語則稱為「六道錢」。六道，和佛教語中的「六道輪迴」相同，即天道、人間道、修羅道、餓鬼道、畜生道、地獄道。

佛教認為人死之後依其生前的所作所為加以評判，評為善的可進入天道、人間道、修羅道所謂的「三善道」。不過三善道並不是「極樂淨土」，仍有各自的煩惱與痛苦，進入天道並非得永生，只是壽命比常人來得久長。在佛教中天神的壽命亦有終止之時，其壽命將盡前會有「天人五衰」：衣裳垢膩、頭上華萎、身體臭穢、腋下汗出、不樂本座。

人的性命比起天神短了許多，與天道的天神相比多上許多煩惱，有所謂的八苦：生、老、病、死、愛別離（不得不與喜愛的人分離）、怨憎會（不得不與怨恨的人聚會）、求不得（得不到喜愛的物品）、五陰熾盛（五陰為「色受想行識」），前四者為生理上的苦，後四者為心理上的苦，兩種苦對人而言都是極大的戕害。

阿修羅有男有女，男的極為醜陋，女的卻是貌美異常，因此諸天（四天王天、忉利天、夜摩天、兜率天、化樂天、他化自在天）神都喜愛娶阿修羅的女子，為此阿修羅常與忉利天（欲界六天的第二重天，宮殿在須彌山頂，帝釋天住於此）作戰，互有勝負。進入修羅道亦能享有天道的福報，但有很重的猜疑心和瞋恚心，好勝逞強，因此佛經有時亦把修羅道與餓鬼道、畜生道、地獄道並稱為「四惡道」。

評為惡的，則打入餓鬼道、畜生道、地獄道「三惡道」，也稱為「三途」或「三惡趣」。人進入「三善道」尚須承受苦難，進入「三惡道」（或「四惡道」）須受的苦難之深可想而知。「三途」，指的是「火途」，即地獄道，屬於上惡，成就上品十惡業者往生於此。凡犯下五逆十惡之罪惡者輪迴於地獄道，須經歷八熱地獄、八寒地獄等諸多地獄的折磨，是六道輪迴中最為苦難的一道。

其次為「刀途」，即餓鬼道，屬於中惡，成就中品十惡業者往生於此。餓鬼指的是無法得到陽間飲食的供養，一得到飲食，口中便會噴出火焰，將得來的飲食燒毀，因此法會有所謂的「焰口」，即布施之意，藉由無邊佛法幫助墮入餓鬼道的餓鬼得到陽間的布施。最後為「血途」，即畜生道，屬於下惡，成就下品十惡業者往生於此。畜生之間弱肉強食，都是流血而死，故稱為「血途」。

上田車站前的真田幸村銅像
／網友月翔提供

輪迴於三惡道的眾生因為種下惡因，必須在三惡道承受種種惡果，而且不能藉由聽聞佛法懺悔過去的罪惡，因此沒有具備解脫惡業輪迴的智慧，在受盡惡報後仍繼續沉淪於三惡道。

只要犯下殺生、偷盜、邪淫、妄語、飲酒五戒，或者是毀謗三寶（佛、法、僧）、毀謗大乘（大乘佛教的經典）、不孝敬父母、不出佛身血，或者假出家出名，身出家而心未出家，以上任何一條死後都會墮入三惡道。嚴守五戒只能進入人間道和修羅道，要進入天道還要再加上十種善行。

在死後經過三途川（冥河）時依死者生前的評判決定度過三途川的三種方法：行善者從橋上而過，罪過略輕者在淺灘上行走，罪過深惡者只能穿越急湍。因此為使人人死後都能從橋上經過前往冥府，不知從何時開始便有將六文錢放入死者棺木裡當成渡過冥河的船費，稱為「六道錢」，與華人燒冥紙的習俗類似。

由於六文錢的名氣過大，以至於許多人誤以為真田家的家紋就是六文錢，然而六文錢最初並非一般人認定是真田家的「定紋」（代表家族的公式之紋，又稱為「本紋」「正紋」，一個家族的定紋只能有一個），一開始是只有作戰時才會使用六文錢，信幸成為沼田藩主後六文錢才提升到定紋的地位，真田家沿用自海野家的「州濱」「結雁金」淪為「替紋」「副紋」（也稱為「控紋」「裡紋」），賜給家臣的只能是替紋而不能是定紋。

根據日本家紋研究會的研究，六文錢是早先曾在信濃北部擁有支配勢力的名門滋野家的家紋，該族儘管在戰國時代之前就已滅亡，但分家散落的信濃北部到上野一帶有不少豪族以六文錢為家紋，真田家的親戚矢澤家即為其一。

最後，希望讀者破除一個迷思，大坂夏之陣真田幸村率領印有六文錢的旗印和「赤備」衝入大御所德川家康的本陣，衝倒馬印使其狼狽不已，這是小部分真實加上大部分虛構所構成的形象。根據大阪城天守閣收藏的《大坂夏之陣圖屏風》，幸村的旗印只是全紅的折掛，上面並無金色六文錢；而且準備盔甲曠日廢時，要好幾個月的時間才能整編出「赤備」，這麼一來幸村不只會錯過冬之陣，可能連夏之陣也趕不上。筆者認為，幸村的「赤備」應該只有幾副盔甲，大部分士兵配上的應該只是象徵性的紅旗。

❖〈直江狀〉與三成起兵

時間快轉到一六〇〇年關原前夕。話說一六〇〇年五月三日，內大臣德川家康在收到上杉景勝的家老直江山城守兼續挑釁的回函〈直江狀〉時盛怒不已，然而內心恐怕更是竊喜，家康希望的正是這樣的回函，內容愈是挑釁，他愈有理由以盛怒的面貌下令動員全國大名去打一場根本不會開戰的「會津征伐」。為何這麼說呢？自己率軍離開畿內後，馬上會有人迫不急待在上方舉兵討伐自己，這個人就是目前被迫蟄居的五奉行之一石田治部少輔三成，讓他起兵才是家康最關心的事。

六月二日，家康向各大名下令，命駐在大坂的大名歸國，準備出兵。十八日，家康整軍離開伏見城，一路上沿途各大名爭相要求家康在其居城用膳、留宿，因此行進速度極為緩慢。家康本人也樂得如此，會津征伐本來就是做做樣子，家康期待的是藉此征伐引三成起兵。

出伏見城後家康大軍走東海道，六月廿九日進入鎌倉鶴岡八幡宮仿效當年源賴朝祈求戰勝奧州藤原氏進行參拜。七月二日家康氣定神閒進入江戶城後足不出戶，他在等待石田三成的下一步行動。

石田三成家紋

儘管是作戲，家康還是排出征討軍團，將近七萬軍隊分為前後二軍，前軍主帥為日後的二代將軍秀忠，於七月十九日出陣，昌幸父子分配在秀忠的前軍；後軍則由家康親自坐鎮，廿一日出江戶，至於先鋒榊原小平太康政早在十三日就已出發。

家康出陣時充滿自信的笑容，他期待的狀況將要發生，秀忠出陣那日他收到五奉行之一的增田長盛寄來密信提到三成似有舉兵徵兆，接著家康出陣前一日，五奉行另外兩位前田玄以、長束正家也寄來同樣內容的密信。這三人向來被視為「三成黨」，是豐臣政權中最仇視家康的一群，如今卻先後向家康密報，由此可看出在上方舉兵應該只是三成的獨角戲，增田等人名義上雖說是捍衛豐臣政權，實際上捍衛的卻是自家領地。

家康離開上方後，蟄居的石田三成開始動了起來，由於東國、畿內大名多數已被家康帶去征討會津，三成能夠拉攏的只有山陰、山陽、四國、九州等地的大名，連至交好友大谷刑部少輔吉繼也於七月二日在美濃垂井宿（中山道驛站之一，位於岐阜縣不破郡垂井町）才被三成派出的使者請到大坂城密談。本應是征討會津成員之一的吉繼明知必敗無疑，卻也為三成「知其不可而為之」的精神感動，加入西軍。

至於吉繼的親家昌幸可能因為距離的關係，在第一時間並未接到三成拉攏的密函，因此昌幸面臨家康「會津征伐」的徵召時，也只能前往江戶城與諸路大名會合。七月廿四日，家康在繼續朝會津行進的途中終於等到朝思暮盼的信件：留守的鳥居元忠派出死士傳達伏見城正遭受響應石田三成號召的西軍猛攻。不管石田起兵的理由為何，家康都有辦法曲解為挾幼君以行叛亂。一樣是叛亂，征討石田三成顯然比攻伐會津來得重要。

❖家康導演「小山評定」

接著家康要選擇適當時機釋出三成在上方舉兵的訊息，恰巧這一天會經過下野國小山（栃木縣小山市），即便還未到投宿的時刻，家康仍決定這天的行程在小山劃下終點。家康會選擇小山做為他命運的轉折點有這麼一段典故：

一一八○年八月十七日源賴朝舉兵反對平家政權，初試啼聲卻不光彩的敗北之後，很快在兩個月後的富士川之戰扳回顏面。該役之後有更多關東武士前來投效，與之締結主從關係。不過上野、下野、常陸還有幾股大勢力仍聽命平家，賴朝決定發兵征討以斷絕他們與平家的主從關係，於是該年十一月對常陸的佐竹氏宣戰（金砂城之戰），駐軍之地就是此刻家康所在的小山。不學無術的秀吉尚且在出兵九州、出兵小田原的日期上沿用賴朝取得「六十六箇國總追捕使」象徵武家政權確立的吉日，一生精讀《吾妻鏡》且崇拜源賴朝至極的家康又豈會放過這個與賴朝建立政權有關之地而不好好利用呢？

於是家康立即下令全軍停止前進，翌日召開軍事會議與會津征伐的諸將討論此後動向：繼續前往會津？或是掉頭返回上方？家康屬意的當然是後者，他也有把握在明日進行日後歷史上大名鼎鼎的「小山評定」封住諸將之口，強行將大軍掉頭帶回上方。要有這樣戲劇性的演出除有家康這位鬼才編劇外，更要有一位有絕佳效果的演員，家康早就敲定最佳男主角是豐臣恩顧大名的核心人物福島左衛門大夫正則。

福島正則家紋

翌日的「小山評定」在家康巧妙的引導下，福島正則這位最佳男主角幾乎照著家康事先寫好的劇本上演，不僅如此，在家康和正則的氣勢下幾乎無一例外，眾人寧願犧牲家眷也不願乖乖就範倒向西軍，可見家康對人心的洞察和掌控到了出神入化的境界。

部分後人評論關原之戰時認為，如果石田三成等到家康在會津的土地上與上杉家的雄兵對決，再起兵號召西國大名東西包夾讓家康進退不得，也許關原之戰會有不同的結果。

筆者不完全認同這種假設，要戰勝有「野戰能手」之稱的家康談何容易？如果沒有小山評定，家康大概在七月廿七日前後進入會津，假定三成在這天舉兵（依當時訊息的傳遞速度，三成要到八月初以後才會得到消息），那麼行軍至會津，最快也在八月十五日以後，筆者不認為戰陣經驗有限的上杉景勝和直江兼續有撐到那時的能耐。

❖父子分道，兄弟揚鑣

小山評定前四日的七月廿一日，被編到前軍的昌幸父子宿於下野國安蘇郡犬伏（栃木縣佐野市），昌幸在這裡終於收到三成的密函。令昌幸動心在於三成提出的條件：「事成之後秀賴公賜予甲、信二國。」甲、信二國加起來將近八十萬石，對目前僅有上田一地的昌幸是極大的誘因。自第一次上田合戰以來，昌幸「古今罕見的名將」之評價不脛而走，可是奔波半生，依舊只是個活躍於上田一帶、俸祿不到十萬石的地方小大名，與其「表裡比興」「古今罕見的名將」蘊含的才能名實不副。

塵封多時的野心猶如潘朵拉盒打開般一發不可收拾，昌幸急忙找來長子伊豆守和次子左衛門佐，告知密函內容。自從沼田分家獨立後，真田父子三人鮮少聚會，伊豆守信幸與安房守昌幸、左衛門佐幸村之間逐漸出現鴻溝，即便見面也不像第一次上田合戰之前無所不談。

昌幸簡單的問候信幸後隨即進入正題，說到開出甲、信兩國做為封地多麼誘人時，信幸反駁說只有家康方能為天下帶來和平，如果西軍僥倖勝利天下將重回戰國時代，因此為了讓天下安定、百姓正常生活，必須支持家康。

信幸這番話昌幸內心想必認同，但實在不想屈服在家康這個人的統治下。如果西軍戰勝，他就能擁有甲、信二國，倘若真如信幸所說天下回到戰國時代，不正好可以甲、信二國做為根據地角逐霸業嗎？這種梟雄心態與當時人在九州的黑田官兵衛不謀而合，能力卓越、精於謀略、城府極深的人，如果再加上強烈的支配欲，面臨關原之戰不會選擇加入勝算極高的家康陣營，昌幸和官兵衛正是這樣的人。

昌幸雖然失望但也感到欣慰，因為不管何方獲勝真田家都能以勝利者的姿態得到安堵。昌幸與信幸在犬伏訣別後，廿二日立刻快馬加鞭一路向西北方直奔將近八十公里，要趁家康陣營還不知道他已倒戈的事實迅速奪下沼田城。

然而這一切已在信幸的算計中，信幸在確認父親加入西軍陣營後，迅速寫信送回沼田城要小松殿防範父親以「慈祥的面貌」要求入城。晚一步抵達沼田城的昌幸，遇上的是全副武裝手持薙刀登城拒絕昌幸進城的小松殿，內心也佩服小松殿的巾幗氣概，眼見奪城無望只好悻悻然離去，回到上田準備送給西軍的大禮。

小山評定家康是最大的贏家，福島正則表態後，所有參與會津征伐的豐臣武將除少數幾位外，幾乎全部聽命家康。福島正則離開小山回清洲城時，家康與之約定「你們先行出發，我回江戶準備一些出征的事，再火速與各位會師於東海道上」後，留下次子結城秀康於宇都宮以防上杉從後追擊。

充滿巾幗氣概的小松殿畫像

❖家康按兵不動，請將不如激將

回到江戶城的家康不急著出兵，閉門深居和

智囊本多正信商量對策，不理會不斷派使者催促出兵的清洲城諸將。家康和正信認為關鍵人物還是非福島正則莫屬，對這名莽漢型武將，與其欺騙不如刺激，因此家康回覆的內容顯得辛辣：「各位久據清洲城毫無作為，究竟是友是敵我都分辨不出。何不前進美濃打下一城證明自己的立場，屆時我必定從江戶出兵。」

福島正則聽了這番話後對使者說道：「內府所言極是，我們會盡快出兵，解除內府的疑心！」諸將又再一次被福島牽著走，正中家康下懷。既然要打下一城取得家康的信任，福島認為必須是一座對戰局影響有舉足輕重的城才行，因此擇定岐阜城為目標。

莽撞的福島正則預訂攻打岐阜城先鋒的任務，然則於小牧・長久手之役後成為岐阜城主的池田輝政認為有地利之便的自己才是最適當的先鋒人選，互不相讓的兩人在八月廿三日一日之內攻下昔時信長的居城岐阜城。

攻下岐阜城的捷報於廿七日傳至江戶，家康再無理由龜縮江戶，九月一日親率三萬三兵力踏上東海道。不過家康早在八月廿四日就讓三子秀忠率領三萬八大軍從宇都宮經木曾路（江戶時代稱為「中山道」或「中仙道」）先行出發，我們可以認定即便沒有廿三日攻下岐阜城的捷報，家康也會在這時出兵。

東海道雖是平坦之地，但也容不下德川七萬軍隊，因此分道而走有其必要，從關東到上方除東海道外只有途經信濃山區的木曾路，因此家康讓途經木曾路的秀忠分隊先行，這是秀忠的初陣（初陣就能率領三萬八大軍，日本史上大概也只有秀忠），因此家康特地派遣本多正信、榊原康政、大久保忠佐、大久保忠鄰、青山忠成、酒井家次、酒井忠世、酒井忠利、土井利勝、仙石秀久等譜代和外樣武將輔佐。此陣容看似龐大，卻缺乏一個精通政治、戰略、外交的全能武將，如果有井伊直政派到秀忠麾下，或許可以免除此次不光彩的敗仗。總之，家康在秀忠隊伍裡安排的將領有所缺陷。

德川秀忠於八月廿四日從宇都宮率領第二軍出發，在「犬伏之陣」與父親和弟弟分道揚鑣的真田伊豆守信幸依其地理環境，自然加入秀忠的第二軍。山區木曾路一路走來，大名多半歸附東軍，唯一例外只有上田的真田昌幸。為不落人口實，信幸主動交出次子信政（第四代沼田藩藩主，生母為小松殿）到江戶城當人質。

九月一日，德川秀忠的三萬八大軍越過碓冰峠抵達輕井澤追分宿（長野縣北佐久郡輕井澤町），第二天抵達距離上田不到二十公里的小諸。

❖三千兵力羞辱四萬大軍

秀忠軍中沒有任何將領參與過第一次上田合戰，僅從參與過該役的將士聽說真田軍如何厲害，也因此有「明明就是自己膿包才打輸的，只好藉由把對手捧上天來掩飾失敗」的想法。對秀忠而言這是自己的初陣，真田昌幸不從中阻撓便罷，一旦阻撓就必須將其擊潰，自己手上有將近四萬軍隊，豈會怕一個一生都窩在信濃山裡的「山猿」！

秀忠在小諸召開軍事會議，決定派遣使者前往上田城要昌幸打開城門以示無二心，最適合的人選當然是伊豆守信幸，然而秀忠只讓信幸擔任副使，指定本多忠勝次子（小松殿之弟）本多美濃守忠政為正使。

忠政、信幸二人被領到上田城本丸，矮小的昌幸以與其本身才能不相稱的語調要求東軍兩日後再來接管上田城。本多忠政回到軍營傳達昌幸的答覆並模仿他猥瑣的神態，秀忠帳下諸將無不覺得面對將近四萬大軍，昌幸大概嚇傻了。只有信幸知道眾人過於小覷父親，鐵定會付出代價，但不便提出異議破壞全軍的氛圍。

這正是真田昌幸的計謀，手中只有三千餘兵力的昌幸，貿然率軍前往關原前線能發揮的作用其實相當有限，於是在決定加入西軍時就擬定一個絕對符合賞賜甲、信二國的計畫，亦即以上田城為餌，困住經由木曾路前往關原的東軍。只憑上田城和三千多兵力要消滅十倍以上的東軍決無可能，但若能使其錯過與家康本軍會合，那麼東軍在決戰時就會少掉近四萬兵力，昌幸認為缺少秀忠近四萬兵力的東軍在決戰時應該會輸給西軍，如此一來，昌幸就是首號功臣。

如果昌幸一開始就拒絕使者的提議，本多正信一定會建議秀忠繞過上田城繼續前往關原，因此他假裝同意，實則上不打算交城，得知上當的秀忠惱怒之餘必然不聽本多正信的勸阻，執意發兵進攻。如此一來，秀忠就會忘記自己的任務而把上田城當做決戰戰場。

十五年前昌幸便是以上田城為餌誘敵深入擊退德川軍，十五年後德川軍人數雖多了幾倍，但主帥是名未經戰陣的新手，身旁只有會衝鋒的莽夫和會紙上談兵的趙括，昌幸深信定能依樣畫葫蘆再創德川軍。

九月四日是約定的日子，昌幸卻緊閉城門，此時秀忠撇下上田城加速行軍還是可以趕上與家康會合，但是年僅廿二歲的秀忠認為平白無故耽擱兩天，不給昌幸顏色瞧瞧不行，於是停止前進，準備進攻上田城。本多正信雖竭力勸阻，但秀忠身邊幾位將領已率軍攻往上田城，情景與十五年前如出一轍。結果也如出一轍：數百名熟悉上田地理環境的真田士兵，如鬼魅般穿梭來回，德川大軍難以在上田這狹窄的平地施展陣勢，只要一落單就會遭到突襲。

秀忠在上田折騰四日，代價僅只打下周遭的衛星城伊勢崎城（長野縣上田市），這還是左衛門佐幸村不願與兄長伊豆守信幸兵戎相見而

關原之戰屏風

自動棄城的結果。秀忠的才幹或許在此次行為中便可看出端倪，他不僅缺乏長兄信康、次兄秀康以及四弟忠吉被後世公認武勇的評價，就連智略方面也缺乏好評，整體來說只有政治才能還過得去，但那也是當上將軍後才歷練出來的。

九月七日秀忠終於從進攻上田城的迷思中醒悟，發現行軍進度嚴重落後，於是留下小部分兵力以防昌幸與上杉景勝互通聲息後全軍西上。由於害怕西上時再度受到真田軍偷襲，與本多正信商議後決定避開正常路線經長久保宿（長野縣小縣郡長和町）越和田峠（長野縣小縣郡長和町與諏訪郡下諏

訪町之間）進入諏訪地區的下諏訪宿，改道從和田峠南邊的大門峠，再往西與諏訪地區接軌。

此一決定苦了德川將士，他們直到十三日才抵達諏訪，而家康已在這一日進入岐阜城，東西軍即將在岐阜以西大垣城附近的關原進行決戰，無論如何秀忠絕對趕不上。收到派出的忍者傳回之情報，昌幸不禁拍案叫道：「西軍必勝！」

然而結果並非如此。昌幸得知關原之戰的結果時已是戰役結束後幾天的事。「怎麼會輸掉？」這樣的話不只一次出現在真田昌幸口中。昌幸不明白的是，西軍實際統帥石田三成不孚眾望，導致不少西軍將領在開戰前便擺明觀望，開戰後部分將領繼續觀望，還有一部分倒戈到東軍，因此東軍雖未戰而減少四萬兵力，西軍卻減少更多！

❖攜盤獨出月荒涼，渭城已遠波聲小

九月十七日，人在木曾路妻籠宿（長野縣木曾郡南木曾町）的德川秀忠，收到本多忠勝的使者傳來關原之戰已結束的消息，秀忠深恐父親責怪，無視已是深夜，也無視不管下雨刮風都在趕路、疲累不已的部隊，下令開拔趕路。於是四萬大軍又開始狂奔，終於在三日後抵達木曾路倒數第二站大津宿，秀忠帶著疲憊憔悴的神情進入大津城與父親見面。

看到兒子如此狼狽，家康內心也不好受，然而原本成竹在胸的戰役差點因兒子的缺席而翻船，光是這點家康就難以原諒秀忠。可是家康也沒有要秀忠切腹謝罪，這話可不能隨便說，以秀忠質樸的個性在過於自責的情況下可會當真。不過當著外樣大名的面，家康實在說不出赦免秀忠之類的話語。所幸這些三河家臣跟隨家康久了，對喜怒不形於色的家康多少聽出弦外之音，紛紛站出來為秀忠求情。家康心頭大石放下，不過仍要裝作生氣的樣子痛罵秀忠一頓。

關原之役結束後家康相當忙碌，忙著追捕脫逃的戰犯，忙著安撫如驚弓之鳥的朝廷和豐臣家，忙著對有功將領論功行賞，也忙著沒收西軍將領的領地，還要忙著分配戰後領地的配置。十月十五日公布戰後論功行賞時，為顧全繼承人秀忠的面子，家康做出昌幸、幸村父子切腹的裁決。這個裁決如家康預料的引來伊豆守信幸的反對，令家康意外的是，本多忠勝也支持信幸的主張，甚至放話不惜和信幸聯手對德川家宣戰。創業的股肱之臣都這樣放話，逼得家康不得不賣面子給忠勝，而信幸在關原之役對東軍毫無保留的忠誠，也讓家康甘心收回成命。

家康最後對真田父子的判決，套用古裝劇台詞就是「死罪可免，活罪難逃」，雖然不用切腹卻免不了領地被沒收、遭到流放的命運。家康將沒收的上田領地全部賜給對德川家忠心耿耿的伊豆守信幸，信幸約略於此時改名為「信之」，真田本家的領地原封不動轉移到真田分家之手，對昌幸而言應該是最大的安慰吧！

十二月三日是昌幸、幸村父子交出上田城的日子，由於新舊領地的交接需要一段時間，這段時間成為昌幸駐足上田的最後時光。十二月十三日交接完畢，昌幸父子離開上田、前往流放地紀伊九度山時，由於多年來的勤政愛民，儘管接手上田城是他的長子伊豆守信之，領民仍流露出對昌幸的百般不捨。

騎在馬上的真田昌幸父子踏出上田城門時，前來送行的領民目睹此景流下不捨的眼淚，不禁讓筆者想起晚唐詩人李賀的〈金銅仙人辭漢歌〉：

茂陵劉郎秋風客，夜聞馬嘶曉無跡。
畫欄桂樹懸秋香，三十六宮土花碧。
魏官牽車指千里，東關酸風射眸子。
空將漢月出宮門，憶君清淚如鉛水。
衰蘭送客咸陽道，天若有情天亦老。
攜盤獨出月荒涼，渭城已遠波聲小。

最上義光

もがみ　よしあき，天文十五年～慶長十九年：一五四六～一六一四

白忙一場的出羽之鷹

【根據地】羽前山形城。

【性格特徵】排除領地內的獨立豪族，以統一並擴大家族勢力為考量，任何足以對其統治權威造成威脅的勢力都會成為他排除的對象。

【特殊事蹟】在豐臣秀吉尚健在時，最早向家康送上人質的大名。因為「秀次事件」導致女兒駒姬無辜受殃，種下義光對豐臣政權的懷恨。關原之役義光雖未在主戰場與西軍作戰，然而在北方戰場長谷堂一帶與五大老之一的上杉景勝血拚，激烈程度一點也不遜於關原，讓上杉家無法趁勢進攻江戶。

【最大領地】今日米澤地方除外的山形縣以及部分秋田縣，領有五十七萬石。

【最後結局】一六一四年病逝於山形城。

【家族命運】義光長子義康因曾於大坂城當人質之故為幕府所忌，最後遭致廢黜。義光死後由其次子家親繼位，家親死後其子義俊遭到改易，成為一萬石大名。義俊之後最上家淪為幕府旗本，直至幕末。

【梟雄度】★★★★☆

起 兩歲任家督扛起最上氏的義守

❖足以與伊達家相提並論

整個江戶時代，奧羽地方（青森、岩手、宮城、福島、秋田、山形六縣）共有三個廿萬石以上的大藩，分別是：位於今日宮城縣的仙台藩，藩主為伊達氏，俸祿六十二萬五千石，外樣大名；位於今日福島縣的會津藩，藩主為松平氏，俸祿廿三萬石（在松平氏之前，會津先後為蒲生氏、加藤氏，俸祿分別為六十萬石、四十萬石），**親藩**；位於今日秋田縣的久保田藩，藩主為佐竹氏，俸祿廿萬五千石，外樣大名。

江戶初期的奧羽地方，其實還有一位俸祿略遜於仙台藩的大大名，這個大藩位在今日山形縣山形市，開創者是獨眼龍的舅舅最上左近衛權少將義光，他在一六〇二年領有米澤以外的出羽國南部（明治元年出羽國分為南邊的羽前國和北邊的羽後國，即今日的山形、秋田兩縣），共五十七萬石，是當時全國除前田利長（百十九萬五千石）、伊達政宗、德川義直、島津忠恆（六十一萬兩千五百石）、蒲生秀行（氏鄉的長子，六十萬石）外的第六位。

然而最上家存在時間極短，只有廿年（一六〇二～二二），本文的主人公即是開創最上家最大領地使之可與伊達家相提並論的「出羽之鷹」最上義光。

最上氏是室町幕府三管領筆頭斯波氏的分家，斯波氏在全盛時期最多身兼越前、若狹、

親藩（しんぱん）

江戶時代藩的種類之一。江戶時代藩的數量沒有定數，大致維持在二百七十個上下，依其與將軍家的親疏關係可分為親藩、譜代與外樣。

親藩，顧名思義，指與德川將軍有血緣關係的藩，狹義說來指御三家、御三卿。御三家的始祖是德川家康在關原之役後生下的三個兒子，分別是九子尾張藩祖義直，領有六十一萬九千五百石，是御三家中的筆頭格，諸大名中擁有最高的地位，官位官職為從二位權大納言（唐名為「亞相」）。十子紀伊藩祖賴宣領有五十五萬五千石，從二位權大納言。十一子水戶藩祖賴房領有廿八萬石（元祿年間增為三十五萬石），從三位中納言，中納言的唐名為「黃門侍郎」，因此水戶藩主通稱為「水戶黃門」。三人在江戶城殿中詰所（在江戶城登城的大名或旗本，等待拜謁將軍的場所，依家格、官位官職及親疏關係可分為大廊下、大廣間、溜間、帝鑑間、柳間、雁間、菊間廣緣七處）為最高順位的大廊下。

家康設置御三家的目的在於萬一將軍家出現缺乏繼承人的狀況時，可由三家提供適當人選。

田安、一橋、清水三家稱為「御三卿」，三卿本身並無領地，幕府從天領中各撥出十萬石做為俸祿，三家的名稱是因為宅邸分別位於江戶城田安（東京都千代田區北之丸公園一帶）、一橋（東京都千代田區一橋一帶）、清水（東京都千代田區日本武道館附近）三個城門之內而來。

三卿在官位官職方面皆為從三位左近衛權中將，然而田安家通常兼任右衛門督，一橋家為兼任民部或刑部卿，清水家為兼任宮內卿。整個江戶時代只有三家三卿共六家可冠上德川姓並准許使用三葉葵家紋的大名。

以上是一般人熟知的親藩，廣義的親藩還包含御兩典、御家門及御連枝。

御兩典指的是四代將軍家綱在位時，將自己的三弟綱重、四弟綱吉（家綱的二弟夭折）分別封為甲府藩主和館林藩主，兩藩各為廿五萬石，官位官職俱為正三位參議，在當時僅次於御三家。

御家門指的是將軍家和御三家以外其他德川家的後裔，主要有家康次子結城秀康的後裔越前松平家（三十二萬石，大廊下）、秀忠的四子保科正之的後裔會津松平家（廿三萬石，溜間），後來還包含以德川綱重次子松平清武為藩祖的越智松平家（六萬一千石，大廣間）。

御連枝指的是御三家的支藩，和為預防將軍家斷絕子嗣時可立即提供繼承人而設立御三家的目的相同，這些御連枝也是為預防三家斷絕子嗣時可立即提供繼承人而設置。

越中、山城、能登、遠江、信濃、尾張、加賀、安房、佐渡等國的守護大名，其一門眾大崎氏、最上氏代代世襲奧州探題、羽州探題，權勢之大說是能隻手遮天並不為過。

斯波氏的始祖家氏是足利氏第四代家督泰氏的長子，由於生母並非出自北條得宗家，家氏儘管身為長子卻無法繼承足利家，之後歷任中務大輔、檢非違使、左衛門大尉以及尾張守，尾張守為家氏之後歷代世襲的官職。儘管失去繼承資格，家氏始終以足利氏自居，因此家氏這支也稱為「尾張足利家」，與吉良氏（三河足利氏）為早期足利氏的兩大分支。

足利家氏在世時曾經受封陸奧國斯波郡的領地，並以高水寺城（岩手縣紫波郡紫波町）為居城，從家氏之子宗家起開始以斯波為姓。宗

家之孫高經、家兼兄弟追隨響應後醍醐天皇倒幕綸旨的足利高氏，無役不與。高經在「觀應的擾亂」結束後得到將軍足利尊氏的寬宥，在尊氏生前已被指定為二代將軍義詮的輔佐人，義詮繼位後，高經四子義將成為幕府管領，後代成為斯波家的嫡系本家，有繼承管領資格，代代世襲兵衛督或兵衛佐的官職。該官職之唐名為武衛，因此斯波家的嫡系又稱為「武衛家」，與細川本家京兆家（世襲右京大夫）、畠山本家金吾家（世襲衛門督或衛門佐）共稱為「三管領」。

至於斯波家兼早年因戰功封為若狹守護，與越前守護的兄長高經為平定新田義貞的主力，加之家兼在觀應的擾亂期間始終不離不棄站在尊氏陣營，當下即被尊氏任命為引付眾的首領引付頭人。觀應的擾亂平定之後家兼被任命為奥州管領，奥州管領的前身是為對抗南朝方陸奥將軍府北畠顯家的「奥州總大將」，隨著顯家半年後戰死於石津之戰，尊氏廢除奥州總大將，另於一三四五年任命畠山國氏、吉良貞家共同擔任新設置總攬軍事、民政的奥州管領。

❖從奥州管領到最上屋形

觀應的擾亂結束後，直義派的吉良貞家遭到免職，改由斯波家兼擔任奥州管領。不過，戰死的畠山國氏之子二本松國詮（二本松畠山氏之祖）也自稱奥州管領；另外吉良貞家之子滿家，以及先前任命的奥州總大將石塔義房之子義基也都自稱奥州管領，一時之間奥州陷入「四管領時代」，室町幕府統治力的脆弱由此可見。

斯波家兼的長子直持在觀應的擾亂期間以若狹守護代身分，率軍進京馳援留守的足利義詮守衛北朝系統的發源地「持明院御所」（京都市上京區），此一共患難的情誼令義詮銘記在心。斯波家兼病逝（一三五六年）後，直持便繼承父親的奧州管領。此外義詮還將陸奧國黑川郡、志田郡、賀美郡、遠田郡、栗原郡（以上五郡大致位於宮城縣北部仙台市除外的部分）以及出羽國最上郡（山形縣尾花澤市、村山市、天童市以及山形市一帶）共六郡賜給斯波直持做為領地。陸奧國五郡習慣上稱為大崎地方，因此直持後來改以大崎為姓氏，代代世襲奧州探題。

大崎直持將出羽國最上郡的領地賜給異母弟早期斯波家有名的驍將斯波兼賴，兼賴曾和伯父高經、生父家兼追討盤據越前的南朝武將新田義貞，最終於越前藤島的燈明寺畷（福井縣福井市）取下新田義貞之首級，同時接收義貞手中的名劍鬼丸國綱和鬼切。在足利尊氏的強索下，兼賴交出鬼丸國綱，這把劍和童子切安綱、三日月宗近、大典太光世成為足利將軍家歷代相傳之信物，倖存的鬼切則由兼賴開始成為傳家之寶。

斯波兼賴於一三五六年在今日山形縣山形市霞城町霞城公園築城，翌年完工，名為山形城（又稱為霞城、最上城、大山城），這是兼賴經營最上地方的據點，也是日後最上家十三代的居城，當然兼賴時的山形城與今日相去甚遠。兼賴因築山形城得到幕府准許使用「**屋形**號」的稱呼，兼賴因而被稱為「最上屋形」，遂以最上為姓氏，他的十一代孫，即是本文主人公最上右京大夫義光。

❖兩歲家督最上義守

最上右京大夫義光生於一五四六年一月一日，幼名白壽。義光出生時其父義守雖不過廿六歲，當上家督卻已廿四年之久；換言之，義守兩歲時就已是最上家主人。兩歲稚齡為何能當上家督，因為家中有變，義守的前任家督最上義定於一五一四年遭受奧州強大勢力伊達稙宗入侵，因本身指揮不當與稙宗的智謀而敗北，最上義定向伊達家求和，條件為納稙宗之妹為續絃。

屋形（やかた）

漢字亦寫做「館」，平安末期本指地方豪族城寨性質的居處，幕府時代後泛指公家或武家有身分地位的貴人之居館。進入室町時代後原本是將軍禮遇一門眾及有血緣關係的守護大名之特權；室町中期以後專指地方守護大名的居所，下級武士或是家臣對居住其中的人尊稱為「御屋形樣」（おやかたさま），即中文的「主公」之意。

應仁之亂後藉「下剋上」取守護大名而代之的守護代、國人眾或是像齋藤道三、松永久秀這類的浪人，並不適合「御屋形樣」的稱呼，而改以武家社會最初的稱謂方式「殿」或「殿樣」（とのさま）。

伊達稙宗的盤算是：既然無法直接併吞最上家的領地，就透過姻親關係納為附庸。只是義定與繼室之間並未生下子女便於一五二〇年辭世，稙宗不得不改變原先的打算直接插手最上家內政，此舉引來最上的反撲。一五二二年伊達稙宗妥協，同意以最上家分支中野義清次子繼承最上家，即最上家第十代家督義守。

最上義守雖以旁系繼承本家，卻比前任義定更用心治理領地，一五三五年重建伊達稙宗入侵時毀於兵火的山寺立石寺（山形縣山形市）和日枝神社。立石寺創建於八六〇年，由慈覺大師圓仁拜領清和天皇的敕命開山，慈覺大師本人為第三代天台宗座主，因此立石寺屬天台宗。

鎌倉時代由於幕府推崇禪宗——特別是臨濟禪——因此立石寺遭到改宗命運，到一三五六年斯波兼賴入主山形，將立石寺又改回天台宗。兼賴對立石寺情有獨鍾，重新復原鎌倉時

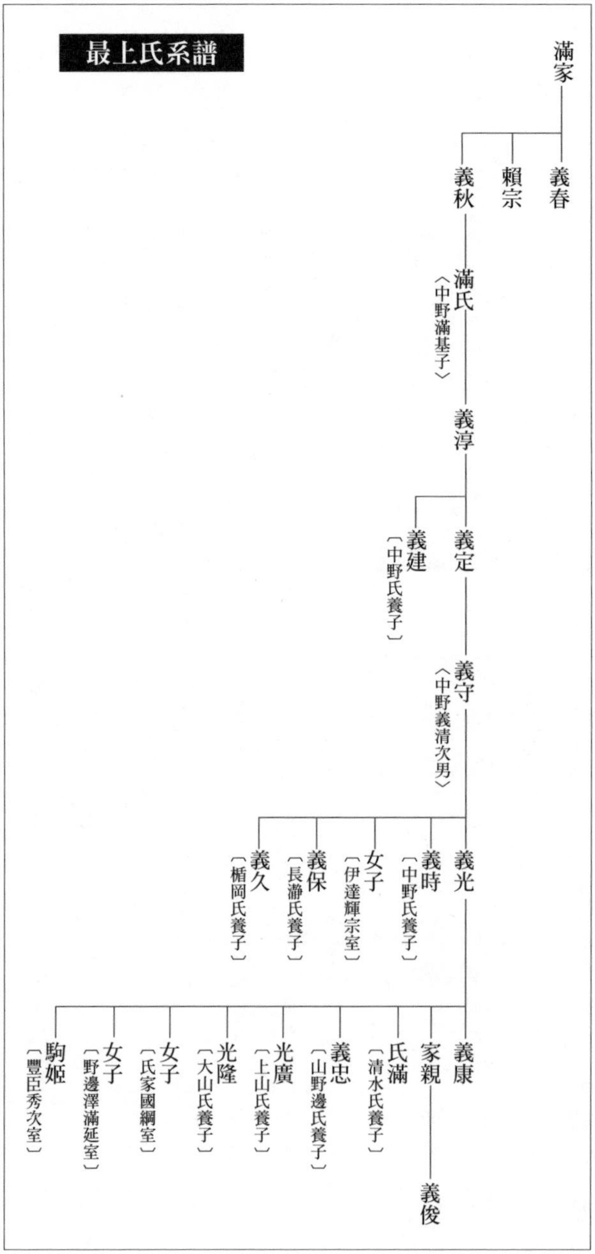

代的規模，更將山形城建於立石寺的西南方，即立石寺位於山形城的鬼門方位（東北方），用意無非是希望以立石寺鎮護家族在出羽的統治。在神佛的庇佑下，直至伊達稙宗入侵為止，最上家安然度過九代、一百六十多年的時光。

有感於立石寺的殘破，義守生母春還芳公尼借義守之力重建荒廢的立石寺，今日立石寺根本中堂便是成於義守之手。當立石寺於一五四三年重建完成時，義守派人向天台宗總本山比叡山延曆寺請求賜予法燈。為避免路上遭到其他勢力橫阻，義守除派兵一路保護外，在取得燈火後立即北上若狹，循日本海回到山形。一五七一年信長焚毀比叡山根本中堂，日後比叡山再建時反過來向立石寺請求賜予燈火。

❖奧州天文之亂

通過重建立石寺並迎回延曆寺法燈這繼任後面臨的第一個重要考驗後，最上義守贏得家臣的向心力。然而更重大的考驗很快就降臨，此為一五四二年到四八年的「奧州天文之亂」。

奧州天文之亂為第十四代伊達氏家督稙宗與其繼承人嫡子晴宗之間的對立內鬥事件，也稱為「天文之亂」「洞之亂」。以奧州伊達郡（福島縣伊達市）為據點的伊達氏，第十四代稙宗於一五一四年繼承家督，幾年後從幕府將軍義稙拜領「稙」字以及左京大夫的官職（在此之前伊達氏家督的官職為大膳大夫或兵部少輔），稙宗之後左京大夫成為伊達氏家督元服時固有官職。

稙宗就任家督時期，大崎、最上兩家因應仁之亂下剋上而衰敗，伊達氏實際上已是奧羽地區首屈一指的勢力。為此幕府打破慣例，於一五二三年授予伊達稙宗前所未有的「陸奧守護職」，此職掌管行政，與掌管軍事的守護分庭抗禮。

以奧州探題自許的稙宗開始大肆拓展疆土，更將居城從歷代居住的梁川城（福島縣伊達市）遷往西山城（福島縣伊達郡桑折町）以強化統制力。除武力拓展外，稙宗還把眾多子女送與鄰近勢力當養子或是締結姻親，用意在取得這些家族的控制權。兒子部分有送往奧州探題大崎家（等於奧州、羽州探題兩家都在掌控中）、亙理家、重臣桑折氏、葛西家、村田家當養子。一五三六年，稙宗制定奧羽地區最早的分國法〈塵芥集〉，伊達家由此從守護大名邁入戰國大名。

與此同時，稙宗想以三子時宗丸（後來的伊達實元，政宗的勇將成實之父）做為越後守護上杉定實的養子，此舉招致越後境內揚北眾之一色部氏和本庄氏的反彈。早就不滿父親長年集權獨裁的長子晴宗，擔心伊達家會在父親這一代毀滅，於是聯合家臣中野宗時、桑折景長等人於時宗丸一五四二年六月廿三日啟程前，趁稙宗鷹狩結束時出兵襲擊，將其軟禁在西山城。

然而稙宗近臣小梁川宗朝先向稙宗的幾位女婿如相馬顯胤、懸田俊宗、田村隆顯求救，並冒死進入西山城救出稙宗，於是一場父子相剋的戲碼在奧州南部上演。

弔詭的是這場奧羽地方首屈一指的騷動並沒有詳盡的記載，或許和騷動大多數時候呈膠著狀態有關，表面上騷動長達六年，實際上是打打停停。一五四八年九月，佔優勢的晴宗在蘆名盛氏和岩城重隆的斡旋下，以稙宗退隱並讓位晴宗為條件雙方達成和解，時宗丸成為上杉定實養子一事也隨著稙宗的隱居而取消。

繼任的晴宗為弱化稙宗的影響力，廢棄西山城，將居城遷徙到出羽國米澤城（山形縣米澤市），隱居的稙宗為晴宗囚禁在丸森城（宮城縣伊具郡丸森町），直到一五六五年以七十八歲之齡死去。

承　挫敗不甘寂寞的父親

❖擺脫附屬伊達恢復獨立

天文之亂幾乎將伊達家周遭的奧州、出羽多數豪族牽扯在內，最上家自不例外。然而與其他周旋於稙宗、晴宗的豪族勢力不同，義守的征戰目的是為將伊達家逐出出羽，恢復最上家在伊達稙宗入侵前的領地。義守首先確保根據地山形盆地的統治，從伊達家奪回一五一四年被稙宗攻下的長谷堂城（山形縣山形市），這是山形城最重要的支城，約莫半世紀後，上杉家和義守的繼承人義光代表兩個角逐天下霸權的陣營，在這裡進行一場慘烈的戰役而使此城聞名（長谷堂城之戰）。

同時還進攻山形盆地南邊的「置賜地方」，相當於今日米澤市、南陽市、長井市、東置賜郡（高畠町、川西町）、西置賜郡（小國町、白鷹町、飯豐町），面積略大於今日合併後的台中市，但人口不到十分之一。有今日山形縣最富庶的山形盆地和南邊的置賜地方做為屏障，義守可以擺脫附屬伊達家恢復獨立。義守在擺脫伊達家之後仍出兵越過笹谷峠（位於山形縣和宮城縣交界，是兩地間通行最久遠的隘口，位於藏王國定公園以北，昔時的山道成為今日國道二八六號）幫助稙宗，只是萬萬沒想到最後勝出是他的同輩晴宗（大義守兩歲）。

面對勢力猶仍強大的伊達家，最上義守不得不妥協，將天文之亂期間納入版圖的置賜地方部分歸還晴宗。既然不便南下，義守於是對西北邊寒河江城（山形縣寒河江市）用兵，可是未能降伏寒河江氏，自天文之亂以來採行的領地擴張政策首度遭受挫敗。一五六〇年（一說五八年），義守的嫡子十五歲的白壽元服，得將軍義輝賜予足利將軍家的通字「義」，改名為源五郎義光。

一五六三年四月（從近年發現義光生母為祈求義光此行一路平安而縫製的刺繡「文殊菩薩騎師像」上面落款的日期推測），義守、義光父子帶了眾多奧羽出產的良馬和太刀做為禮物上洛拜謁將軍義輝，感謝將軍慷慨賜予「義」字給最上家年輕嫡子做為元服後的名字。

長谷堂城址碑／網友最上義家提供

六月十四日，羽林家（五攝家、清華家、大臣家之下，最高可當到大納言）藤原北家四條流出身的公卿山科言繼在其日記《言繼卿記》記載：

> 六月十四日，已有一段時日未前往將軍足利義輝公的宅邸問候，適逢出羽國的御所山形殿父子到來，父子倆獻上馬匹和太刀做為此次的見面禮。將軍為他們舉行筵席，我也成為座上嘉賓。從將軍手中接過酒杯的兩人說道：「感激不盡！」然後一飲而盡。我也縱情暢飲至深夜，感覺到醉意方酣。

義守父子上洛的成果是幕府認可最上家在出羽的領地。翌年，為進一步增強與伊達家的關係，義守將長女義姬許配給伊達晴宗的嫡子輝宗，三年後這對夫妻生下長子，相信大多數戰國迷都知道這個兒子是誰：日後被稱為「獨眼龍」的伊達藤次郎政宗是也！

這一段落筆者敘述到伊達政宗出生時已過四十餘年，義守依舊是最上家的家督！然而義守此時不過四十七歲，還處於壯年，要他將家督讓給已元服七年（或九年）的義光，自己隱居不過問政事恐怕強人所難。再加上兩人的個性不合，因此義守遲遲不交棒，使得義光就任家督一波多折。

❖父子反目：天正最上之亂

父子不合在任何時代都會發生，但在戰國時代很有可能演變成付出眾多生命為代價的家族騷動。武田信虎・晴信父子、齋藤道三・義龍父子、尼子經久・鹽冶興久父子、大友義鑑・義鎮父子等父子相剋的悲劇歷歷在目，最上義守・義光父子儘管原因不盡然相同，但終究造成家臣分裂。

義守父子之間的扞格不入始於何時的記載甚少，目前所見的僅有一件：一五六二年義光元服後的某日，義光和父親以及宿老氏家尾張守守棟、志村九郎兵衛光安以及十餘名隨從前往藏王溫泉療養。當晚遇上七十餘名盜賊洗劫。情況危急之下，只見義光出其不意的斬殺盜賊首領，動作之快猶如電光石火，盜賊們懾於義光的氣勢不戰而逃，義守和氏家、志村兩位將領及其他隨從，無不對義光的冷靜表現大為讚賞。

義守讚賞之餘將自己十六歲初陣配戴的名刀「笹切」贈給義光，笹切名氣雖不如前文的鬼切，但同為最上家相傳的信物，更重要的是義守以自己初陣時配戴的名刀贈給義光，明顯有家督相傳之意。可是之後的義守就像忘記這件事一樣，不僅毫無傳位之意，反而刻意疏遠義光！義守雖認可義光臨敵不懼的機智與英勇，卻認為誅除盜賊首領過程中展現出桀傲不遜個性的義光不足以繼任家督，傾向傳位給義光的異母弟中野義時。

如果此逸話可信，可以這麼說：造成日後最上家內亂的始作俑者正是最上義守，既然授予家督身分的名刀給義光，卻又有意疏遠他，在家中營造出兩個可能繼任家督的人選，等於是要家臣拉幫結派選邊站。

眼見父子持續對立，甚至可能演變為內戰，首席家老氏家伊予守定直（前述的守棟之父）抱病勸說義守讓位給義光並引退出家。義守接受建議於一五七一年（一說為前年）八月削髮出家，法號「榮林」，總算結束他在山形城長達四十九年的生涯。

家督繼承風波看似塵埃落定，不過除義守等少數幾位當事人外，恐怕沒有人知道這只是數年後「天正最上之亂」的序幕！

一五七四年一月，隱居的義守寫信向米澤城的女婿伊達輝宗求援，請他派兵到最上領境內平亂。輝宗收信後十日立即揮軍北上，米澤城所在的米澤盆地和山形盆地的直線距離不到五十公里，沿著今日山形新幹線行軍，再慢三日也可抵達。

伊達軍一進入最上領地後，不滿義光統治的國人眾如大寶寺城（山形縣鶴岡市）城主大寶寺義氏、谷地城（山形縣西村山郡河北町）城主白鳥長久、上山城（山形縣上山市）城主上山滿兼紛紛響應，最上家的一門眾「最上八楯」也站在義守這一邊。義光陣營少得可憐，只有三弟楯岡光直、正室之弟名生城（宮城縣大崎市）城主大崎義隆、一門眾清水城（山形縣最上郡大藏村）城主清水義氏（日後義光的三子義親繼承該家）以及時降時叛的寒河江城城主寒河江兼廣。

依照傳統說法，一五七四年五月義光包圍異母弟中野義時所在的中野城（山形縣山形市）迫使其自盡後，儘管日後猶餘波盪漾，天正最上之亂基本上算是平定。惟根據近年來學者考證認為，戰國時代及江戶初期的史料或軍記物如《最上記》《奧羽永慶軍記》都沒有提到中野義時，第一本提到中野義時的書《稽補出羽國風土略記》成書時間為十八世紀末。因此長年研究最上家的鄉土史學家長谷勘三郎提出一個大膽假設：「中野義時虛構說」，認為歷史上並沒有中野義時這個人，是江戶時代的創作物，與義光對抗的，是他不甘寂寞的父親最上義守。

此說提出之後，得到學術界普遍認同，中野義時這個人的確給人過於薄弱的存在感（不過【信長之野望】系列「蒼天錄」「天道」有收錄）。如果中野義時虛構說成立，那麼天正最上之亂便是義守・義光父子間的對立，亂事結束後義光並未殺害或驅逐父親，但是監視義守的一舉一動並弱化他對最上家的影響力。

❖最上八楯臣服義光

接著談談最上八楯，與筆者在《西國篇・尼子經久篇》提到的「尼子十旗」雖同是為捍衛主家而存在，然而細部上還是有所不同，前者成員為一門眾，後者則是由資深譜代家臣組成。共同點為兩者都是分散在主家領地附近，有各自的領地，平時各自耕作，戰時或有外敵入侵時接受主家的徵召。

一般所謂「最上八楯」是以位在山形城北方的天童城（山形縣天童市）城主天童氏為盟主，包含居城在銀山溫泉附近的延澤城（山形縣尾花澤市）城主延澤氏、以尾花澤城（山形縣尾花澤市）為居城的尾花澤氏、以楯岡城（山形縣村山市）為居城的楯岡氏、以長瀞城

最上義光騎馬像／網友最上義家提供

（山形縣東根市）為居城的長瀞氏以及居城不詳的飯田氏、六田氏、成生氏。除較為有名的天童氏、延澤氏外，就和尼子十旗一樣，生平不甚清楚。

最上八楯在天正最上之亂結束後並未與義光和解，而是和義守的女婿伊達家聯手繼續對義光抗爭，以天童氏、延澤氏為首的最上八楯，在天童賴貞和延澤滿延的聯手下讓最上義光吃足苦頭。

一五七七年，義光以納天童賴貞之女（天童御前）為側室做為與天童氏議和的條件，到一五八二年天童御前生下義光三子清水義親後死去——天童御前的死導致最上、天童的議和破局——為止，最上領地內的一門眾、國人眾大致上認同義光統治，自天正最上之亂以來持續數年的兵荒戰亂終於有喘息的時候。

不料，翌年上山滿兼在義光妹婿伊達輝宗的支持下對最上領地展開進攻。上山雖有伊達家為後盾，卻不敵義光的策反，遭自家一門眾里見義近、民部父子殺害，獻城歸順義光，之後自稱上山里見氏。義光再一次粉碎妹婿馳援境內國人眾擾亂最上家的意圖，伊達輝宗出手兩次不成，義光很難不對此懷恨在心，數年後，小田原之役前夕發生毒殺外甥伊達政宗事件，不過是對這兩次叛亂「以牙還牙，十倍奉還」。

接著義光對細川直元、小野寺景道、大寶寺義氏等勢力用兵，先後獲勝，最上家領地的拓展勝過義守之時。然而前述天童御前的死去使得最上家和天童氏兵戎再起，天童賴貞之子賴澄聯合延澤滿延進攻最上家，不過擅於謀略的義光搶先一步以長女松尾姫（生母為義光正室大崎夫人）嫁與滿延的長子光昌，兩家因而成為親家。少了第一勇將延澤滿延的助拳，最上八楯搖搖欲墜，天童氏遭到滅亡命運，賴澄逃到伊達家成為其家臣。盟主既為義光消滅，最上八楯其他成員也臣服義光，最上郡至此全部底定。

接著一五八六年義光以長子義康及旗下勇將楯岡滿茂、鮭延秀綱抵抗仙北地區（仙北、雄勝、平鹿三郡，相當於秋田縣橫手盆地一帶）大名小野寺義道的入侵，最上川流域盡入義光之手。之後進攻大寶寺氏所在的庄內地方（山形縣鶴岡市、酒田市一帶），與上杉景勝作戰失敗後，義光暫時結束對外擴張。

轉 懷恨秀吉倒向家康

❖秀次強索義光愛女

一五九〇年五月十八日，七十歲的最上義守病逝，隆重辦完父親喪事的義光已趕不上關白秀吉動員全國大名的小田原之役。秀吉本人對奧羽地方的大名並無足夠認識，喜好完全取決於小田原之役的參與與否，像筆者在〈津輕為信篇〉提及的，津輕為信只率領區區十八騎，因趕上小田原之役，加上近衛前久這個養父的加持，寸功未立的他竟然也得到從五位下右京亮的官位以及津輕三郡的本領安堵，出兵流血的大名得到的賞賜未必勝過他。

深恐辛苦十餘年打下的領地付之一炬，最上義光與正室大崎夫人在喪禮結束後趕緊前往關東，終於在下野宇都宮城謁見秀吉。義光夫婦表現出極為誠懇的態度，加上秀吉的妹婿家康在旁說情，最終秀吉對義光做出極為寬大的處置——山形廿四萬石本領安堵（《山形市史》記載為十三萬石）。

小田原之役結束後，秀吉在「奧州仕置」的處置中，沒收未參戰的義光小舅子大崎義隆及葛西晴信的領地，改封自己的部屬木村吉清，最終讓木村從原本只有五千石領地一躍成為擁有三十萬石的大大名。

木村吉清以往昔葛西氏的居城寺池城（宮城縣登米市）為據點，大崎氏居城名生城則賜給長子清久，木村父子在新領地不到三個月便引起領民反抗，即所謂的「葛西・大崎一揆」。

翌年秀吉動員包含蒲生氏鄉、淺野長政、德川家康等眾多大名前來平亂，名義上的統帥為秀吉外甥三好秀次，一五九一年十月，坐享其成的秀次凱旋返回大坂。

秀次在奧羽停留時間不足一年，這段期間最大收穫並非在戰場上，而是聽聞最上義光次女駒姬（生母為大崎夫人）的美貌，數度向義光提親希望能納駒姬為側室。當時秀次雖已廿四歲，駒姬卻只有十一歲，義光並不希望他最疼愛的駒姬這麼快就離開身邊，加上義光對秀次的評價不高，因此以駒姬年幼還不適合出嫁為由婉拒。

三好秀次的短暫竄起堪稱秀吉政權名實不副之最！秀次的出身筆者在前作約略提及，秀次的「成名作」是小牧・長久手之戰中的「白山林之戰」，由於身為將帥的秀次無謀出擊，累得池田恆興、森長可陣亡，但秀吉只是寫信叱責秀次。

豐臣秀吉家紋

叱責歸叱責，翌年征討紀伊、四國兩役，秀吉依然任用秀次，只是身分從總大將改為副將，雖說副將實則掛名，和日後平定葛西・大崎一揆、九戶政實之亂並無兩樣。秀吉成為關白後雞犬升天，十八歲的秀次寸功未立受封近江一國，以及從四位下右近衛權少將。

好運繼續找上秀次，小田原之役結束後，秀吉將不識好歹的織田信雄流放到關東下野國，領地全部沒收。多出來的百萬石成為秀次的禮物，於是廿三歲的他擁有尾張、伊勢兩國百萬石領地。一五九一年一月廿二日，秀吉最重要的股肱大和大納言秀長病逝，對秀吉而言，能遞補大納言這位置的人選只有姊姊的兒子秀次，因此秀次再一次撿

豐臣秀次家紋

了現成的便宜。

最大的便宜還在後頭。秀吉的長子鶴松於該年八月夭折，後繼無人的秀吉於是考慮收廿四歲的秀次為養子。十二月四日，秀次成為內大臣，同月廿八日秀吉再次送上大禮，宣布將關白讓給秀次，還包含關白居住的聚樂第，成為太閤的秀吉則搬進大坂城。

秀次愛好女色、廣納妻妾，此外似乎還殘忍嗜殺。秀吉雖在女色方面毫無節制，倒還有倫理觀念，而秀次卻猶如牲畜。秀次原本的正室是池田恆興之女若御前（應為輝政之妹），大概在秀次出征奧羽之前病故（近來有一說是池田恆興在小牧・長久手之役戰死前因不明原因將其送回娘家）。歸來後他聽聞朝廷的大納言菊亭晴季之女一之台的美貌，便以關白之威強迫晴季獻出一之台，秀次令人鄙夷之處，在於他同時納一之台母女為自己妻室！當菊亭大納言晴季憤怒的在秀吉面前狀告秀次同時納自己的女兒和孫女為妻室時，秀吉對秀次開始產生憎惡之情，加緊增派人手監視秀次。

最上義光歷史館中的義光與駒姬父女蠟像／網友最上義家提供

❖殺生關白滿門抄斬

最早記載「殺生關白」這個渾名的是《信長公記》的作者太田牛一宣傳秀吉豐功偉業的傳記《太閤さま軍記のうち》，內容不乏對秀次的汙衊，但未嘗不能視為對秀次性格部分真實的反映。該書記載秀次經常在夜晚潛伏於偏僻的路口，等到過往的行旅、民眾經過時，突如其來的竄出，猶如試刀般的予以斬殺。受傷民眾因疼痛而在地上打滾的哀號聲讓秀次無比亢奮，卻不知他已成為京都民眾口耳相傳的殺生關白。

不過這種說法很可能是秀吉傳記的作者妖魔化秀次的結果。一五九三年正月五日，退位多年的正親町上皇崩御，有義務為天皇守喪的關白秀次卻於該年二月、三月分別在大原、醍醐狩獵。於是有民眾題了一首「落首」（以匿名方式在公開場合寫的諷刺時政文）譏諷秀次，大致上可以譯為：「為了奉獻給院的御所而進行狩獵的是せつせう關白。」せつせう即現行日文的せっしょう，寫成漢字可以是「攝政」，也可以是「殺生」。筆者認為，為了妖魔化秀次，太田牛一硬解釋成殺生關白，並杜撰出秀次入夜便有「試刀殺人」的惡習。

一五九三年八月三日，最得秀吉寵愛的側室淀君又生下一子，依照當時的習俗，秀吉給這位新生兒取小名為「阿拾」（日後的秀賴）。看著阿拾出生，秀吉自然希望能讓他繼承事業，成為關白。秀次如果會做人、知道明哲保身的話，應該趁機辭去關白並放棄豐臣家繼承權，讓秀吉安心。

當秀吉認定秀次的存在必會構成阿拾繼任關白的阻礙後，心中萌生置秀次於死地的計畫，揣摩秀吉心意的屬下便展開將秀次妖魔化的舉動。

一五九五年七月八日，受到石田三成、前田玄以、增田長盛三奉行彈劾密謀叛亂的秀次被秀吉下令送往紀伊高野山出家。七月十五日，素來和秀次不合的福島正則做為秀吉使者前來傳達切腹的命令，於是秀次在青巖寺（真言宗總本山金剛峰寺）結束他廿八歲的一生。

話說，義光在這年初終於應允秀次的求婚，將駒姬送往京都，但是義光一定想不到此舉無異將駒姬送往死路。儘管駒姬和秀次之間只有名分，但是在秀吉眼中駒姬是造反者秀次的家人，非死不可。八月二日，包含駒姬在內的秀次所有妻妾以及這些女人為他生下的子女，一律穿上白色壽衣，從聚樂第靠近出水通的南門押上刑車送往三條河原，這裡早已挖好一個大坑洞，秀次的女人們被推進大坑洞裡，上面掛著秀次的首級，就在秀次「目視下」被秀吉派來的劊子手斬首，十五歲的駒姬是第十一個遭到斬首。

獲知駒姬將以秀次妻妾身分處刑時，義光難以置信，他趕緊透過各種管道為駒姬請命，最終仍救不得駒姬的性命。義光的正室，即駒姬生母大崎夫人在駒姬死後因悲傷過度於八月十六日病逝（之後義光以位在今日山形市的真宗大谷派專稱寺做為兩人的菩提寺），義光本人也因而病倒。

病癒後的義光對秀吉與豐臣政權產生極度反感，開始向德川家康示好。一五九六年九月五日發生伏見大地震，相較於加藤清正第一個衝進伏見城保護秀吉，義光則是第一個趕往家康宅邸向他慰問，擺明了甘冒大不諱也要與秀吉為敵的決心。

❖傾向家康立場堅定

「秀次事件」後，秀吉生存的意義只剩看顧阿拾長大，然而終究迎來人生最後一幕，一五九八年八月十八日，秀吉病逝於伏見城。秀吉臨死前在床榻邊一臉忠誠樣貌接受秀吉託孤、發誓忠心輔佐阿拾的內府家康，在秀吉死後立即豹變，秀吉在平定天下過程中以利益為條件誘降的大名紛紛主動投靠家康。

最上義光因為秀次事件牽連駒姬之恨，傾向家康的立場非常堅定，事實上秀吉尚未過世之前，義光便已將次子太郎四郎送往江戶做為家康的小姓，秀吉還健在時大名便將自己的兒子送往江戶，義光算是第一人。一五九四年太郎四郎元服，家康為其烏帽子親，並賜予偏諱「家」字，因此太郎四郎改名為「家親」。秀吉生前義光都敢這樣做，秀吉死後豈有不加入家康陣營之理？

前田利家死後，家康更肆無忌憚，儼然以天下人自居，同時也不忘下馬立威。他以有人趁自己登大坂城之際進行暗殺計畫為由堂而皇之調兵進駐大坂城西丸，嚴重破壞秀吉的遺言。接著嚴懲毫無依據的「真凶」，據家康釋出的消息，欲暗殺他的凶手共有前田利長、淺野長政、大野治長、土方雄久四人。顯然家康想趁利家死去、繼位者利長初立尚未穩固家督位置時收服前田家。

最後前田家不得不送出利長的生母芳春院為人質，是送往江戶，而非大坂。這等於日後江戶若和大坂兵戎相見，前田家不僅無法中立，勢必要出兵向德川家示忠，家康一兵未發便收服前田家。

收服前田家後，家康繼續以同樣姿態問罪上杉家，只是上杉景勝不若前田利長軟弱。上杉景勝甫於一五九八年正月十日受秀吉之命移封陸奧會津，八月廿二日抵達後馬上動手修整境內的城塞和道路，以這裡為戰場將家康的軍隊吸引過來，然後蟄居的五奉行之一石田三成再進入大坂城簇擁秀賴聲討家康。為了激怒家康，直江兼續寫下文情並茂的〈直江狀〉，家康內心暗喜，如此一來便有出師征討會津的理由，家康大軍一走，蟄居的石田三成必然四處號召西國大名在京坂一帶起兵。

一六〇〇年九月一日，家康率軍離開江戶；九月八日上杉景勝

上杉氏家紋

直江氏家紋

秀次妻妾處刑圖

分別從米澤和庄內兵分兩路共二萬五以米澤城主直江兼續為總大將入侵最上領，掀起所謂的「慶長出羽合戰」。義光和上杉家夙有積怨，天正年間義光因為連年作戰之故，與上杉家臣本庄繁長作戰失利失去庄內地方，連帶也失去最上川的入海口酒田港。

面對豐臣政權第三大勢力的入侵，只有今日山形縣村山地方和最上地方約三十餘萬石的義光自然不敵，因此義光下令邊境守將棄城，集中兵力固守居城山形城、上山城以及長谷堂城三個據點。

❖攸關存亡的長谷堂之戰

九月十二日，直江率領一萬八千兵力包圍不遵從義光棄城命令的畑谷城（山形縣東村山郡山邊町），城主江口五兵衛光清在浴血作戰兩天後，與五百餘城兵奮戰而死。此外庄內的東禪寺城（又叫酒田城、龜崎城，山形縣酒田市）城主志駄義秀、尾浦城（山形縣鶴岡市）城主下吉忠突入最上領內，連下谷地城、白岩楯城（山形縣寒河江市）、寒河江城；另外一路由鮎貝城（山形縣西置賜郡白鷹町）主中條三盛率領麾下吉岡家能、土橋惟貞等將領，出栃窪、大瀨二口（白鷹山附近）進入最上領，除八沼城（山形縣西村山郡朝日町）能抵住上杉軍的攻勢外，左澤城（山形縣西村山郡大江町）、山野邊城（山形縣東村山郡山邊町）、鳥屋森城（山形縣西村山郡朝日町）皆被上杉軍攻克。這兩路上杉軍會師後迅速沿最上川的支流須川而下，來到位在長谷堂城正北方約一公里的上杉軍總大將直江兼續本陣菅澤山。

雪上加霜的是，義光的另一死敵小野寺義道也呼應直江兼續，進攻最上領北境楯岡滿茂的居城湯澤城（秋田縣湯澤市）。領地從南到北都有敵軍入侵，兵力都集中在山形和長谷堂兩

長谷堂之戰直江本陣所在位置／網友最上義家提供

城的義光，不得不派出使者向與他有心結的外甥伊達政宗求救，當時剛攻下白石城（宮城縣白石市）的政宗於九月十五日決定派遣叔父留守政景領三千軍馳援，卻遲至九月廿一日才越笹谷峠進入最上領，而且未參與義光的任何作戰。

直江兼續觀看最上軍的佈陣後認為要攻下山形城必須先涉險度過須川，倘若渡河之際長谷堂城的最上軍殺出，上杉軍將有慘重的傷亡，因此須全力先攻下長谷堂城。

長谷堂城主是義光的愛將志村光安，下轄守城兵一千人。面對敵方總大將直江山城守兼續以及一萬八千敵軍的志村，決定率領二百名士兵於九月十六日清晨進行夜襲，上杉將領春日元忠遭到奇襲，損失二百五十名兵力。為加強長谷堂城戰力，義光命鮭延城主鮭延秀綱率百名騎兵和二百名足輕入城。

九月十七日，直江兼續下令攻城，鐵砲隊率先進行射擊，然而長谷堂城標高二百二十餘公尺，上杉軍鐵砲隊未能對該城造成太大傷害。兼續同時下令本村親盛、橫田旨俊、清水三河守率四千餘兵強攻最上家另一據點上山城，為該城守將里見民部所敗，途中又遭到最上的援軍草刈志摩守的奇襲，攻方將領本村親盛、坂彌兵衛戰死。據《會津四家合考》記載，上杉軍折損四百八十三名，《奧羽永慶軍記》則記載戰死侍二百六十騎，雜兵六百八十三，另有三十一人成為俘虜。

❖「真不愧是直江」

如前所述，留守政景的三千援軍於九月廿一日進入最上領來到山形城，伊達軍雖只是旁觀上杉、最上的交戰，但對最上軍而言，援軍到來總能提振士氣。出乎義光期待的是，有伊達軍的牽制，兼續在接下來幾天反而沒有先前的軍事行動。

九月廿九日，直江兼續下令全軍進攻長谷堂城，筆者猜測兼續此時應已得知西軍敗戰的消息，想趁敗戰消息尚未擴散、士氣還很高昂時打贏一場戰役再退回自家領地。然而關原之役東軍勝利的消息也約在此刻傳入最上陣營，全軍士氣大振，在志村光安的領導下再次擊退上杉軍，上杉將領上泉泰綱（集念流、陰流、新當流三家劍術大成的新陰流創始人上泉信綱嫡孫）陣亡。

至此兼續再不撤退上杉軍恐有覆滅之虞。自古以來敗軍在撤退時，為避免全軍覆滅，總會指派一兩支部隊擔任殿後任務，這是一個最不討好的工作，面對士氣高昂的追兵，他既要拖慢追兵的步調，又要與之周旋不讓己軍遭到殲滅。名將如雲的上杉家中由豬苗代城（福島縣耶麻郡豬苗代町）城主水原親憲與當代最有名的「傾奇者」前田慶次擔任殿後。

半個多月來始終採取守勢的義光，儘管有家臣勸阻，仍執意率領全軍出菅澤山以北的富神山進行追擊。不過善戰的上杉家雖然撤退，陣勢絲毫不亂，偶爾還能正面反擊，使得追擊在後的最上軍吃足苦頭。義光的重臣筑紫喜吽在追擊時遭到水原親憲的鐵炮隊狙擊斃命，義光的旗本志村藤右衛門為保護義光也慘遭鐵砲狙擊，連義光本人的頭盔也中彈。

十月三日（或四日），上杉軍悉數退入庄內領，全程參與到底的最上義光見到如此有條不紊的撤退，不禁讚嘆道：「真不愧是直江，好樣的！對乘勝追擊的我軍仍能造成損害，讓己軍沒有太大的損害就回到領地內，實為謙信以來武勇的傳統。」依據《最上記》所載，整個慶長出羽合戰上杉家戰死一千五百八十人，最上家含雜兵在內損失六百二十三人。

合　逃不出德川家的魔掌

❖五十七萬石大大名

慶長出羽合戰結束後，最上義光並未停戰，繼續肅清庄內領的上杉軍，持續到翌年四月上杉家在庄內領的最後一座城東禪寺城投降，義光將該城城主志駄義秀送回米澤城，出羽的戰爭才真正全面結束。

由於義光絆住上杉軍，不只使其無法西上關原與東軍交戰，也解除江戶來自北方的威脅，對東軍的勝利居功厥偉，戰後論功行賞家康將原本上杉領中的庄內部分全部賜給義光，再追加由利郡。於是義光擁有置賜地方除外今日山形縣全部以及秋田縣由利本莊市和にかほ市，一躍成為五十七萬石的大大名，和仙台藩主伊達政宗、取代上杉景勝成為會津藩主的蒲生秀行（氏鄉之子）成為奧羽地區最強的三大名。

辛苦大半輩子才得到五十七萬石領地，為好好治理大片領地，義光擴建山形城的規模，修築道路設立定期市集並對城下町進行規劃，希望能因此造成活絡的商業活動以繁榮山形城。此外義光還開闢並擴建庄內地區到山形城的街道，將該地區的中心大寶寺城予以修繕，更名為鶴岡城，開鑿最上川中到下游的水運，並對其出海港——日本海屈指可數的貿易港酒田港——做改建與投資。

正當義光為新領地忙得不可開交，一六〇三年二月十二日，德川家康正式被朝廷任命為征夷大將軍，一時之間江戶和大坂地位逆轉，江

修復後的山形城／網友最上義家提供

戶和其他大名間也從同僚變為上下臣屬關係，江戶有權干涉各大名（此時「藩」還未出現）的私事，特別是各大名立誰為繼承人。江戶的立場當然不希望大名的接班人和大坂保持友善關係，因此凡有在大坂當人質經驗的各家大名嫡子首先被排除在繼承權之外，筆者在〈津輕為信篇〉提過，為信長子信建就因為曾當過秀賴的小姓而失去繼承資格。

但是義光長子修理大夫義康並非這種情形，「秀次事件」時義光因為駒姬之故而被秀吉視為秀次同黨見疑，並因駒姬的死而病倒時，義康為義光能得到赦免對山形境內各佛寺神社進行祈福。前述的長谷堂之戰義光因兵力不夠向伊達政宗討救兵，派去的使者正是義康，能夠說動政宗讓他派兵支援（即便只是三千人），固然政宗感受到義光派遣未來繼承人做為使者的誠意，但也可以這麼認為：身為使者的義康必有使政宗讚嘆之處。

❖嫡子成為犧牲品

義光在關原之役結束後的翌年上洛，分別到伏見城和大坂城向天下最具實力的德川家康和名義上統帥諸大名的豐臣秀賴問候。前文提到最上家在庄內地區的戰事到這年四月才結束，對照之下可知在庄內地區指揮與上杉家戰爭的有可能不是義光。不是義光那還有誰呢？

但是這樣一位評價不差的嫡子卻因為與德川家關係不佳，屢屢遭到江戶派來的使者一再放話：「修理大夫不除去的話，整個最上家將充滿危機。」這是家康慣用的恫嚇語氣，對豐臣家、對大坂抱持好感的大名都是用這種語氣威脅。家康連自秀次事件以來就視他為盟友、為主君的義光也用這種口氣恫嚇，不禁讓人認為除三河譜代家臣外，其他大名在家康眼中都只是助他爭奪天下的「工具」而已。

一六〇三年，人在伏見城的家康從後陽成天皇派來的敕使勸修寺光豐（晴豐之子，江戶時代首任武家傳奏）手上歡喜接過征夷大將軍宣下，內心想的是如何讓這個位置世襲並消滅大坂的豐臣家。一千公里外的最上義光卻為了保住山形五十七萬石領地，不得不含淚殺死自己的嫡長子最上修理大夫義康（另有一說是義康到一六一一年才死去，並未死於暗殺）。

最上義康的死充滿謎團，到底是義光派人暗殺或是家臣為保住主家而下手，至今仍難以釐清。筆者認為，從義光在義康遭暗殺後整理遺物時，看到義康在日記中記載為義光祈求武運昌隆的字句時痛哭失聲的樣子看來，義光很有可能並非義康暗殺的主使者。有些戲劇或漫畫將義光描述為冷面無情的獨裁者，這並非義光的真實樣貌。筆者認為有可能是幕府人員唆使義光家臣以主家為重而犧牲義康，家臣表面上雖說維護主家，說穿了也是要維護自家，主家安泰，自家才說得上安泰，因此妨礙主家存在的人，必然也是妨礙自家存在的人。

義康雖成為保住最上家的犧牲品，但是義光並未在義康死後立即讓位給次子家親，到一六一四年一月十八日義光病逝山形城後，家親才成為第二代山形藩藩主，此時的家親已三十三歲。義光一直到死後才放手讓家親成為繼任藩主，這難道不可視為內心對家康、對幕府的無言抗議嗎？

最上家親當上藩主後，首要之事為發兵進攻清水城清算自己的三弟清水義親。同年十月，清水城陷，義親及其子義繼自殺，這時距義光死去不過九個月。家親殺三弟有可能還是受到幕府的命令，因為義親和大坂方面保持不錯的往來。

一六一七年三月六日，三十六歲的家親突然在山形城過世，依照規定第三代山形藩主當由家親之子十三歲的義俊繼位，年幼的義俊不只缺乏威望，也缺乏領導才能，因此一部分家臣寄託希望在義光四子山野邊義忠身上。

從大大名到旗本

一個家族出現兩名繼承人時，是家族分裂、滅亡的前兆，江戶時代統稱為「御家騷動」。御家騷動最後由幕府出面裁決。幕府往往裁決關係較為親密的一方勝利，然後象徵性減少一點領地，算是不幸中的大幸；如果兩造都與幕府關係疏遠，很有可能處以「改易」（幕府收回大名領地），兩敗俱傷，是江戶時代對大名最嚴重的處分。

此時是二代將軍德川秀忠親政之時，這位給人溫良恭儉讓印象的將軍，在處理大名改易時可一點也不溫良恭儉讓，筆者初步統計大約有三百五十萬石左右的大名領地是秀忠任期內收回的，在德川十五代將軍中僅次於家康。但是家康沒收的領地多半對關原之役中戰敗的西軍

光禪寺境內最上義光之墓／網友最上義家提供

將領的處分，扣除掉這部分，德川秀忠是最會對大名改易的將軍，與他怕父懼妻的形象全然不符。

一六二二年，幕府對山形藩祭出改易處分，五十七萬石領地全部收回，第三代藩主最上義俊移封到近江大森（滋賀縣東近江市）成為一萬石大名。一六三一年義俊死去，幕府再做出處分，最上家失去大名身分，成為五千石直屬將軍的旗本，直至幕末。

（感謝遊戲基地「信長之野望系列討論版」版主最上中務大輔義家兄提供大量資料，筆者在此致上十二萬分敬意。）

北條早雲

ほうじょう　そううん，
永享四年／康正二年～永正十六年；一四三二／一四五六～一五一九

第一位戰國大名

【根據地】伊豆韮山城。

【性格特徵】不滿政治現狀，目睹室町幕府威權衰退，欲建立割據一方、不受中央支配的霸業。

【特殊事蹟】以今川家客將身分入侵施行暴政的伊豆，消滅將軍家分支的堀越公方，以伊豆為據點逐步蠶食關東，以白手起家姿態扳倒盤據關東多年的山內上杉和扇谷上杉兩家，奠定後北條氏在關東的霸業。

【最大領地】伊豆一國以及相模國鎌倉一帶。

【最後結局】病逝於伊豆國韮山城。

【家族命運】早雲之後，後北條氏在氏綱・氏康父子走上全盛期，擊退山內上杉、扇谷上杉、古河公方、上杉謙信、武田信玄等強敵的入侵。第四代氏政在位時雖積極攻略關東，對於天下霸主秀吉卻採取對抗態度，終致引起秀吉傾天下之力兵臨小田原城下的結果。之後氏政與其子氏直遭到切腹之命運，後北條氏直系斷絕，氏政三弟氏邦得到河內狹山七千石的賞賜，氏邦死後長子氏盛加封至一萬一千石（後減為一萬石），以外樣大名的身分傳承至明治時代，〈華族令〉頒布後受封子爵位。

【梟雄度】★★★☆☆

起　撲朔的年齡，迷離的出身

❖北條早雲再認識

終於輪到最後一個對象北條早雲！北條早雲雖是戰國時代的人物，但與一般大眾熟悉的戰國人物如織田信長、武田信玄、羽柴秀吉、德川家康等不同世代，因此即便【信長之野望】最早的時期「信長誕生」也無法見到北條早雲的丰采。有鑑於此，光榮公司自「蒼天錄」以後（「天下創世」除外）收錄北條早雲於「群雄集結」時期，同時也將早雲同世代的太田道灌（江戶城築城者）、本願寺蓮如（本願寺第八代座主）一併收入（可惜遺漏朝倉敏景）。

最近三十餘年來對北條早雲的認識與戰前有極大差異，特別在年齡和出身這兩方面。很多民間傳說記載早雲生於子年，甚至他本人也如此強調（如後文會提到的「早雲的靈夢」），因此早雲生於子年應有一定的可信度。換算成西曆，一四三二、一四四四、一四五六都是子年。

戰前普遍認為死於一五一九年的早雲活到八十八歲米壽之齡，以此推算早雲生於一四三二年，這年剛好是子年。但是戰後的學者開始質疑這個年份的正確性，質疑之一為早雲於一四九三年在伊豆起兵推翻堀越公方足利茶茶丸時已六十二歲，在「人間五十年」的戰國時代，六十二歲才開始打拚顯然為時已晚。然而在中國歷史上，姜太公七十歲才被周文王任命為軍師，光從年齡認定可能性高或不高筆者認為並不夠客觀。

質疑之二為一四八三年北條早雲成為九代將軍足利義尚的「申次眾」。「申次」又稱為「奏者」，任務為傳達將軍指令，與江戶時代的「武家傳奏」相似。室町幕府的申次眾向來由伊勢、上野、大館、畠山四家獨佔，早雲出身伊勢家的庶流，成為申次眾毫無疑問，只是五十二歲才被任命未免過晚。因此戰後學者認為下個子年一四四四或下下個子年一四五六較有可能是早雲真正的生年，目前學者多半主張一四五六年說。

筆者認為質疑之二比質疑之一更有說服力，因此本文也採用目前通行的一四五六年說，將早雲的生年往後推延廿四年。這麼一來，北條

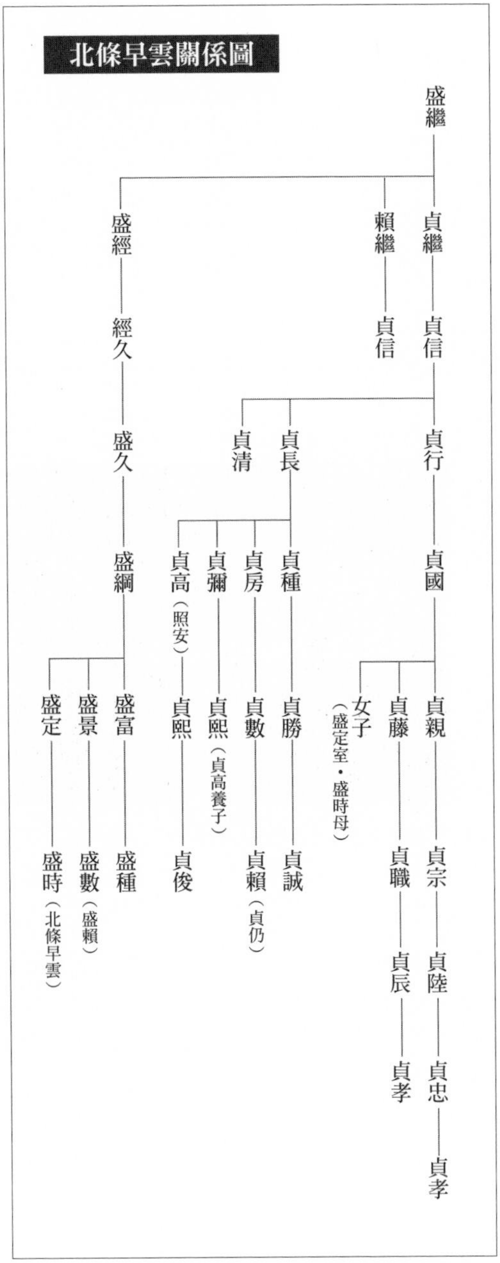

早雲從八十八歲的「高壽」縮水到六十四歲，然而仍高過平均壽命「人間五十年」的戰國時代。

❖眾說紛紜的出生地

至於北條早雲的出生地長久以來也有好幾種說法。成書於江戶時代初期的《北條五代記》《北條盛衰記》二書採用大和在原（奈良縣天理市）和山城宇治（京都府宇治市）兩種說法，雖然這是最早指出早雲出生地的說法，但並無可靠根據，至今已被早雲的研究者摒棄。

第三種說法為「伊勢素浪人說」，此說最早出處為《北條記》《相州兵亂記》等書，依據為早雲寫給信濃守護小笠原定基（日後為武田信玄驅逐的信濃守護小笠原氏分支）的書狀，當中相關內容如下：

北條早雲畫像

> 您的家臣關右馬允，與在下同族，出身俱為伊勢。伊勢關家是因為沿襲地名，移居信濃後依然保留關的姓氏，若追尋起先祖的話，不難發現我們是親戚。

伊勢的關氏屬於桓武平氏後裔，以伊勢國鈴鹿郡鈴鹿庄為根據地，鈴鹿庄又稱為關谷，遂以關為新姓氏。即使早雲真的寫過這麼一封求職介紹信，只憑這麼一封書狀就斷定早雲出身伊勢，恐怕過為武斷，此說待釐清之處尚多。

第四種說法為「京都伊勢氏說」，京都伊勢氏為伊勢氏本家，在室町幕府代代世襲**政所**執事此一要職。室町時代政所權力雖不比侍所，但是相對於侍所長官所司由山名、赤松、一色、京極四家輪流擔任（即所謂的「四職」），原本也由二階堂、佐佐木輪流擔任政所長官執事，於足利義滿就任將軍期間（約一三七九年左右）改由伊勢貞繼擔任後直至幕府滅亡為止，約有二百年的時間均為伊勢氏世襲。

如果這種說法可信，那麼北條早雲應該是擔任侍所所司的伊勢氏之後，如此一來早雲並非白手起家的「素浪人」，然而這不符合早雲一再標榜的孑然一身之形象，因此「京都伊勢氏說」恐怕不可靠。

政所（まんどころ）

原為平安時代親王或是三位以上公卿的家政事務機關，負責處理的人員稱為「家司」，原本由律令制規定的官員擔任，到後來多由親王或公卿從自己家臣、食客中任命。平安中期莊園制度確立後，政所成為處理莊園領主本家（莊園名義上的所有者，也稱為「本所」）、領家（實際開墾莊園的領主）之間的莊務，負責處理的稱為「別當」。

一一九〇年十一月源賴朝被朝廷冊封為右近衛大將，由此得到設立政所之權，於是將消滅平家之前設立仿照公卿文書處理指揮機關的公文所（一一八四年十月成立）改稱為政所，任命手下智囊大江廣元為首任別當，此後政所成為鎌倉幕府的中樞機關。室町幕府成立後政所權限遭到限制，只剩執掌幕府的財政以及領地的訴訟。而在鎌倉幕府負責統制御家人的侍所權力逐漸強化，進入室町時代後，政所、侍所的地位由此逆轉。

此外，平安時代擁有政所的親王、公卿，其正室之居室多半設置在政所的北邊，因此他們的正室習慣上稱為「北之方」或「北政所」。平安中期後，朝廷下宣旨獻上稱號贈予攝政、關白的正室成為慣例，因此北政所從此成為攝政、關白正室的尊稱。

秀吉於一五八五年七月被朝廷任命為關白之後，其糟糠之妻寧寧被稱為「北政所」的由來就在於此。另外攝政、關白的生母則稱為「大北政所」，簡稱「大政所」，秀吉的生母被尊稱為「大政所」也是有所依據。不過「大政所」也好，「北政所」也好，後來都和「太閤」一樣，從普通名詞成為專有名詞，專指秀吉生母阿仲以及其正室寧寧。

備中伊勢氏說最可信

第五種說法為「備中伊勢氏說」，這種說法同樣認為早雲出身伊勢氏，但是從本家改為位在備中的分家，見諸於《太閤記》《今川記》《中國兵亂記》《平盛時禁制》《伊勢系圖》等書記載。備中伊勢氏屬於地方勢力，「應仁之亂」結束後一四八三年為九代將軍足利義尚

表一　北條早雲出身的各種說法

	出身地	主張者	出處依據
一	大和在原		《北條五代記》（十七世紀後半）《北條盛衰記》（一七六二刊）
二	山城宇治		《北條五代記》《北條盛衰記》
三	伊勢素浪人	田中義成	《相州兵亂記》《北條記》《今川記》《伊勢宗瑞書狀》（勝山小笠原文書）
四	京都伊勢氏	渡邊世祐	《北條盛衰記》《小田原北條系圖》《系圖纂要》《伊勢系圖》《寛政重修諸家譜》《諸家系圖纂》《澤巽阿彌覺書》
五	備中伊勢氏（經由京都）	藤井駿	《太閤記》（小瀨甫庵著）《今川記》《中國兵亂記》（一六一五刊）《平盛時禁制》《蔭涼軒日錄》《長祿二年以來申次記》《伊勢系圖》《親長卿記》

資料來源：《日本の歴史11戦国大名》，杉山博，中央公論新社，P.79

提拔為申次眾，一四八七年轉任幕府奉公眾。

這段記載現存於早雲的出生地備中荏原（岡山縣井原市）法泉寺收藏的《平盛時禁制》，該寺是備中伊勢氏的菩提寺。《平盛時禁制》的記載比起《北條五代記》《北條盛衰記》《北條記》《相州兵亂記》或《今川記》這些後人著作更具高可信度。也在這一年，早雲為著不明原因辭去幕府職務，離開京都來到駿河今川家，之後以駿河、伊豆國境上的一座小城為根據地，翻天覆地一番，打下後北條氏在關東百年基業的根基。

此說由已故的藤井駿教授於一九五六年提出，八〇年代以後在奧野高廣、今谷明、小和田哲男等學者透過史料調查比對下幾乎成為定論，因此本文將採納目前最為學界接受的「備中伊勢氏說」。

統合以上五種說法，可以整理成前頁表一。

此外，早雲東下駿河的時間，依照史籍記載

表二　早雲東下駿河之年的各種說法

	東下駿河之年	東下時的年齡*	出處依據
一	康正三年（一四五七）	二十六？	《太閤記》（小瀨甫庵著）
二	應仁年間 （一四六七～六九）	三十六～三十八	《北條盛衰記》 《伊勢系圖》 《別本今川記》（富麓記）
三	文明八年（一四七六）	四十五	《別本今川記》（富麓記）
四	長享元年（一四八七）	五十六	《鎌倉九代後記》 《野史》（飯田忠彥著） 《小田原北條系圖》

＊假定出生年為1432年

亦可整理成上頁表二。

這一節最後，筆者還要再交代一個事實，終北條早雲有生之年，從未使用過「北條早雲」這個名字，伊勢家出身的北條早雲，最初使用的名字是伊勢新九郎或伊勢新九郎長氏，此為「通稱」；在幕府以及家系系譜上記載的是伊勢盛時，此為「名諱」，大概到一四九一年之前目前看到的文書中都還能看見這兩個名字。攻下伊豆堀越御所（靜岡縣伊豆之國市）之後到平定伊豆前後（一四九五～一五〇一之間）出家，法號「早雲庵宗瑞」，這個法號一直使用到一五一九年北條早雲逝世為止。

從以上敘述可看出，早雲生前至多只有使用「早雲庵宗瑞」做為法號，北條這一姓氏他從未想過要用在自己及子孫身上。早雲死後長子氏綱繼位，氏綱繼承的領地比起早雲進攻堀越御所時大了好幾倍，家臣團的人數以及規模更不是早雲之時可以比擬，有志以關東做為立足點的氏綱捨棄伊勢的姓氏也就不足為奇。以筆者從《西國篇》寫到《東國篇》的慣例，會隨主人公改名的時間而做調整，因此筆者從下一章開始，出家前以「伊勢新九郎長氏」稱之，出家後則以「早雲庵宗瑞」或「早雲」稱之。

好，介紹完目前日本對北條早雲的再認識後，就隨筆者進入早雲的時代了解戰國初期的關東吧！

承

為前往駿河做好準備

❖備中伊勢氏與京都伊勢氏的結晶

一四五六年伊勢新九郎長氏出生於備中國荏原莊的高越城（岡山縣井原市，當地鐵道井原線有一站名為「早雲之里荏原驛」，即早雲出生地），據說荏原莊半數的領地皆為伊勢家所有，數量為三百貫，一貫約三石，所以伊勢家的領地還不到一千石，但是在應仁之亂以前足以成為國人眾。早年新九郎長氏於家族的菩提寺法泉寺學習武藝和學問，有關備中時期的新九郎後人所知極為有限。

伊勢家除世襲室町幕府政所執事外，還是當時武家禮法流派之一。公卿們將自平安時代以來累積的禮儀以及官位晉陞順序及其職掌內容，或是一年裡定期或臨時的儀式、慶典、祭祀等前例整理成體系化的知識，包羅法令、制度、風俗、習慣、官職、儀式、裝束等等所謂的「有職故實」。

武家禮儀雖無公家之繁縟，卻也有獨自體系，像是弓術、馬術、軍陣方面的儀式。與部分公家禮儀融合後，大概在鎌倉末期到室町初期孕育出武家禮法，最有名的流派小笠原流和不那麼顯眼的伊勢流兩家在室町時代並稱武家禮法「雙璧」。兩派各有勝場，大致說來伊勢內向、小笠原外向，伊勢流擅長室內的禮儀，小笠原則以室外弓馬之禮為主。江戶時代成為「**高家**」的今川家也自成一格，與前述兩流派鼎足而三，是武家禮法中的「御三家」。

高家（こうけ）

江戶幕府專司儀式和典禮的役職，僅限於旗本擔任，因此也稱為「高家旗本」或是「高家職」，依職務可細分為擔任全體高家聯繫、斡旋等「世話役」的「高家肝煎」（相當於高家中的領袖）、輪值中的「奧高家」以及「非役」（擔任的任務結束或是任務遭到解除）的「表高家」。

高家具體職責為：做為將軍的代表向伊勢神宮、日光東照宮、久能山東照宮、上野寬永寺、鳳來山東照宮（愛知縣新城市，與日光、久能山並稱「三大東照宮」）參拜祭祀，做為幕府派往朝廷的使者或是接待京都前來的敕使（天皇的代表）、院使（院的代表）。在鎖國時代高家等於幕府門面，因此雖受限於旗本的身分沒有太多俸祿（最多只有五千石，三千石以上的稱為「大身旗本」），卻有與其俸祿不相稱的官職，表高家因不需昇殿故無官位，輪值奧高家敍任從五位下侍從，高家肝煎則為從四位下侍從，甚至可以到從四位上左近衛權少將，相當於十萬石大名的官位。

新九郎之父為伊勢盛定，與京都伊勢氏本家家督伊勢貞親大概在應仁之亂前數年一同被八代將軍足利義政任命為申次眾，京都伊勢氏的通字為「貞」，備中伊勢氏的通字為「盛」，足利義政應該不會錯認伊勢盛定為本家，為何分家盛定可以和本家貞親擔任同樣職務呢？原來伊勢盛定娶伊勢貞親之妹為正室，新九郎長氏正是備中伊勢氏與京都伊勢氏兩家通婚的結晶，所以前述北條早雲出身的第四種說法似乎不完全錯誤。一旦伊勢貞親沒有兒子，新九郎長氏有可能以入贅或婿養子方式成為伊勢貞親的繼承人。

❖應仁之亂野火燎原

應仁之亂發生時新九郎長氏已經十二歲，曾目睹京都繁華的他，對這場大亂對京都的破壞想必印象深刻。這一年駿河守護今川義忠率軍上洛，加入幕府管領細川勝元擁立足利義尋（還俗後改名為義視，俗稱「今出川殿」）的東軍陣營。應仁之亂導致多數守護率軍前往京都作戰的結果促成守護代崛起，掀起「下剋上」風潮進而造成戰國時代的割據。得到八代將軍義政絕對信任繼而被指定為九代將軍義尚監護人的貞親，加入以侍所頭人山名宗全為總大將擁護義尚的西軍在情理之中，弔詭的是，貞親外甥新九郎長氏卻加入足利義視的東軍。

若新九郎長氏出生於一四五六年，應仁之亂發生時只有十二歲，以現代角度而言這樣的年紀加入東軍想必貢獻極為有限，但是如果新九郎長氏是擔任義視的小姓，不見得不可能。筆者認為新九郎長氏在義視還俗確定成為義政繼承人時可能已送往義視身邊當小姓，可能還是透過伊勢貞親促成。對伊勢家而言義尚的出生純屬意外，若從此一角度分析，或許有助於後人理解貞親和新九郎長氏何以站在不同陣營。

原本義視應該毫無疑問成為室町幕府第九代將軍，先前義政承諾「將來如果生下兒子一定要他出家」，並為他向朝廷交涉取得從五位下左馬頭（足利將軍繼承人最初取得的官職）的官位才換來義視點頭還俗。然而一四六五年義尚出生，義政抵不住枕邊人日野富子的哀求遲遲未讓義尚出家（足利家規定凡是非將軍繼承人的男性一概在特定寺院出家，惟有當現任將軍無繼承人時，才從已出家的人選中選擇，被選為繼承人才能還俗），義視的存在頓時變得尷尬且多餘。

義政的搖擺不定招致應仁之亂，義視雖被拱為東軍名義上的統帥，但並非他本人的意願。同年八月，領有周防、長門、筑前、豐前、安藝、石見六國的大內政弘率軍上洛應援山名宗全，後土御門天皇、後花園上皇倉皇逃到將軍居所室町第避難，可是義視卻在這時逃出京都前往伊勢投靠第四代伊勢國司北畠教具，身為小姓的新九郎長氏跟隨義視流落伊勢並不足為奇。

若新九郎長氏果真是義視的小姓，當義視逃出京都來到伊勢時，新九郎長氏應是放下父母家人獨自跟隨，因此駿河守護今川義忠上洛時，新九郎長氏很有可能因為跟隨義視而未與其碰頭。義忠率領的一千騎透過伊勢盛定的安排進駐將軍居所室町第（也稱為「花之御所」，應仁之亂期間燒毀）保護將軍居所以及前來避難的後土御門天皇、後花園上皇。

透過伊勢盛定的手腕，今川義忠有機會拜見天皇和上皇，因此義忠娶盛定的女兒北川殿為妻。北川殿雖生年不詳，但從她四年後為今川義忠生下繼承人龍王丸這點看，應該是新九郎長氏的姊姊（舊說為其妹）。今川義忠上洛時已屆三十二歲，依年紀及身分這不會是他初次結婚，但龍王丸卻是今川義忠的嫡長子。不管依傳統說法是妾或新說法是繼室，生下龍王丸後，北川殿得以鞏固她在今川家的地位，日後才能招攬新九郎長氏來今川家當客將。

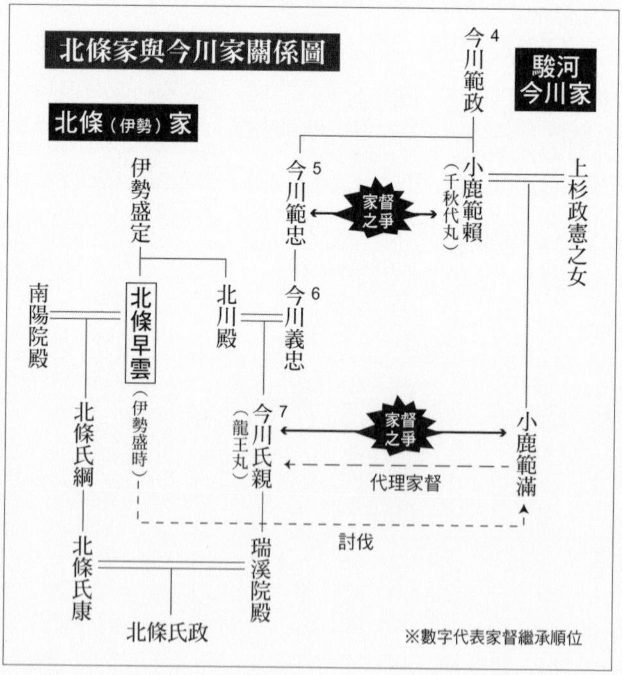

❖放棄現有地位，志願成為浪人

翌年九月在兄長義政的勸說下，義視同意返回京都，不過新九郎長氏選擇繼續待在伊勢，與早雲出生地的第三種說法不謀而合，「伊勢素浪人」之說並非空穴來風，只不過新九郎長氏是出身名門放棄現有地位志願成為浪人。義視雖返回京都，但應仁之亂已如燎原之火般一發不可收拾，演變為翻天覆地的徹底亂世：將軍因為熱中於庭園建築和能劇導致權力旁落到管領手上；管領因為熱中於家族鬥爭導致權力為家中的家宰奪去；地方守護因為熱中於在京都作戰打倒其他守護，長年在外導致領國為守護代篡奪。

一四七一年（一說為七三年）北川殿為今川義忠生下男性繼承人，大喜過望的義忠以自己的幼名龍王丸為新生兒命名，即日後今川家第七代家督今川氏親（【信長之野望】系列「蒼天錄」「革新」「天道」有收錄）。附帶一提，日後今川氏親也以龍王丸做為自己長子的幼名，即第八代家督今川氏輝，氏輝短命無子，他若有嫡長子也必定會命名龍王丸。至於第九代今川義元，他之所以當上家督是因為長兄氏輝無嗣之故，並非一生下就是繼承人，因此幼名並非龍王丸。第十代今川家督也是以龍王丸為幼名，即日後導致今川家滅亡的今川氏真。

一四七三年東西軍實際上的統帥細川勝元、山名宗全雙雙辭世，今川義忠終能回到離開多年的駿河，對他而言這六年除客居他鄉戰陣殺伐外，既得到如花似玉的嬌妻更得到傳承家業的繼承人，然而還有一件事他料想不到：透過婚姻關係和伊勢家成為姻親的小舅子，在今川義忠死後成為庇護家族的中流砥柱，沒有這位姻親適時的出面，今川家可能會提前一世紀消失。

同年十二月十九日，三十八歲的將軍足利義政最終選擇了兒子，讓位給年僅九歲的義尚，當然在這背後日野富子出了不少力。日本兩千年的歷史人物中，若要票選「惡女」一定會出現日野富子的名字，將應仁之亂的肇始歸咎在她身上固然有失公允，但義視沒能成為九代將軍肯定是她從中作梗。

得到征夷大將軍宣下的義尚，同時也拜領正五位下左近衛中將，父親義政讓位後汲汲於東山殿的營造，對栽培義尚並不感興趣。義政信任的政所執事伊勢貞親於年初辭世，擔任輔佐義尚的是其長子京都伊勢氏的家督伊勢貞宗，備中伊勢氏雖遠在備中也要聽其命令行事，貞宗召堂弟新九郎長氏至義尚身邊成為近臣。

義尚即位時應仁之亂並未結束，有力的守護大名如細川氏、斯波氏並不聽從年幼的將軍，伊勢貞宗於是趁遠江守護斯波義廉主力在京都內戰的機會，假將軍之令命駿河守護今川義忠進攻遠江。義忠趁遠江、美濃、三河三國勢力互相征討的機會進軍遠江，看似順利的征討於回程時在鹽買坂（靜岡縣菊川市）遭當地國人眾橫地氏和勝間田氏的埋伏，今川義忠中箭身亡，時為一四七六年二月六日，年僅四十一歲。

時勢造英雄，拜此契機，伊勢新九郎長氏正式步上歷史舞台。

❖單騎入險地，力保龍王丸

今川義忠死後，因繼任人選家臣分裂成兩派。既然已有繼承人龍王丸為何還會分裂呢？龍王丸雖只有六歲卻並非分裂的主因，外力的介入才是禍首。

龍王丸的競爭者據《今川記》記載名為小鹿範滿，通稱新五郎（《應仁後記》《嶽南史》則記載為家臣間爭權奪利），雖以小鹿為姓實則出自今川家。小鹿範滿的父親範賴是第四代今川家督範政的末子，甚得範政寵愛，只是隨著今川範政的猝逝幕府裁定長子範忠為第五代今川家督，失利的範賴被迫搬出今川家居城，並被迫以領地小鹿為新姓氏。範賴之子範滿血緣上是今川義忠的堂弟，是龍王丸外與今川本家血緣最接近的人，有扇谷上杉家為奧援又武名遠播，相較於髫齡的龍王丸，的確是下一任今川家督的理想人選。

龍王丸雖血統純正，但是由他繼任將與堀越公方、山內上杉氏、扇谷上杉氏等關東名門望族交惡。今川家臣們或許也想到這點，為了家族的存續於是站在小鹿範滿這邊。眼見多數家臣不會支持孤兒寡母，北川殿唯一能做的只有向娘家求救。北川殿生父伊勢盛定與家族家督伊勢貞宗商量後決定以幕府名義介入今川家的紛爭，但只憑聲望大跌的將軍命令恐怕無法令小鹿範滿的支持勢力就範，武力解決也不是幕府能力範圍內的好方式。

因此伊勢貞宗和伊勢盛定決定以幕府名義派遣新九郎長氏為使者，除了他是最適當的人選外，筆者認為應該也想藉此測試新九郎長氏的能耐，新九郎長氏認為這是向世人展現實力最好的機會而欣然接受，於是離開動盪不安的京都，出發前往東海道上的駿河。

當時關東也是混亂不已，紛擾多年的「享德之亂」雖已近尾聲，但另一亂事「長尾景春之亂」隱然成形。雖是如此，參戰一方扇谷上杉定正依然派出家中頭號武將太田資長以及小鹿範滿的丈人上杉政憲率軍前來駿河，可見扇谷上杉家對駿河勢在必得。

❖太田道灌慧眼獨具

太田資長其實就是大名鼎鼎的太田道灌，「蒼天錄」之後的【信長之野望】系列除「天下創世」外均有收錄，和新九郎長氏、本願寺八代座主蓮如法王、尼子經久、龍造寺家兼俱為該遊戲少數幾位戰國初期的武將（始終欠缺朝倉敏景）。按照本文採用之說法，太田道灌此時為四十五歲，武名威震關東；而新九郎長氏年僅廿一歲，沒沒無聞，在上杉政憲和小鹿範滿眼中幕府派出如此無名之輩做為使者是威權式微的象徵。太田則看出新九郎長氏在稚嫩、青澀的外表下，有著不凡的眼神，絕非池中之物，假以時日必然乘雷上天，建立一番不朽的事業，絕非暮氣沉重的上杉政憲和空有武勇之力的小鹿範滿所能比擬。

扇谷上杉家頭號戰將太田道灌畫像

雙方在駿河國一宮——位於富士郡的淺間神社（靜岡縣富士宮市，二〇一三年與富士山一起登錄為世界文化遺產）——談判，代表孤兒寡母且隻身一人深入敵境的新九郎長氏，在關東名將太田道灌以及眾多關東好漢面前展現出不卑不亢的氣勢，搬出幕府的威嚴鎮住現場劍拔弩張般的殺氣之後，再與恃關東武力為後盾的小鹿範滿侃侃而談。最後議定範滿以及政憲、道灌等人承認龍王丸為今川義忠的繼承人，具有繼承家督的資格，然而考慮其年幼之故，以範滿為監護人，在龍王丸元服前代行家督之職。

小鹿範滿暫攝家督期間搬入今川氏居城今川館（也稱為駿河館、府中館，正確位置不明，一五六八年武田信玄入侵駿河時燒毀），北川殿與龍王丸則遷往南邊的小川城（靜岡縣燒津市），俟龍王丸元服後再遷回今川館。

雙方隨即喝下淺間神社的神水立誓，決不違反此次議和，新九郎長氏於是回京覆命。新九郎長氏知道缺乏武力為後盾的誓言比紙張還脆弱，小鹿範滿之所以接受這種不利的條件，是因為他倚為後盾的太田道灌必須折回關東平亂（容後介紹），不得不接受新九郎長氏的提議，他本人想當的不是周公而是王莽。

回京後的新九郎長氏倚恃受到義尚的重視，汲汲於為北川殿母子爭取一紙保障的文件，一四七九年隱居的大御所義政（此時將軍雖為義尚但並無實權）發出承認龍王丸繼承家督、本領安堵的「內書」（不透過執事、奉行或右筆之手，由主君直接發出的文書，主君若是將軍的話又稱為「御內書」）。

白紙黑字的文書尚需足夠武力才能發揮制衡的效用，儘管有將軍的內書，新九郎長氏估計對小鹿範滿並無約束力，因此回京後積極結交洛中洛外的禪僧——京都一帶的禪僧多屬於臨濟宗——也跟著學習禪學，他知道當龍王丸元服的那一刻，將伴隨一場更大的腥風血雨，學禪有助於面對此種場面。

一四八三年新九郎長氏被任命為幕府的申次眾，兩年後龍王丸年屆十五，已是元服之齡，照協議小鹿範滿應該派人護送北川殿和龍王丸返回今川館，然後在眾家臣面前為龍王丸元服同時交出家督位置。

常人一旦嘗過權力的滋味後，在面臨周公和王莽的抉擇時，大多數會選擇後者，小鹿範滿亦不例外，拒絕讓北川殿母子進入今川館。北川殿還是只能向新九郎長氏求救，筆者認為北川殿再次求援時，新九郎長氏已有除去範滿的打算，此番東下駿河有可能此後長駐該地，不再返回京都，因此此刻尚出仕將軍義尚的新九郎長氏需要更多時間準備前往駿河的事宜。

轉

時機成熟前進伊豆

❖拋棄名位東下駿河

一四八六年七月廿六日，扇谷上杉家的家宰太田道灌應主君上杉定正的召喚前往相模國糟屋館（神奈川縣伊勢原市），在此地遭到埋伏的刺客殺害，享年五十五歲。

道灌的死大概可以確定是出自主君扇谷上杉定正的指使。定正為何要殺害自家最令敵人畏懼的家臣呢？原因大抵不出功高震主，太田道灌愈是威名遠震、令敵方不戰而慄，愈是凸顯出上杉定正的顢頇、無能。對定正而言，道灌比外敵更可怕，特別是不少關東國人眾、地侍雖臣服於扇谷上杉家，效忠的對象卻是太田道灌。對定正而言這就是道灌令人畏懼之處，最終演變為殺機。

據說太田道灌死前曾說一句「當方滅亡」（意為「我主君之家即將滅亡」），實際上扇谷上杉家在半世紀多之後「河越夜戰」上杉朝定戰死（對手即為新九郎長氏之孫北條氏康）才真正滅亡，不過扇谷上杉家的沒落可說從太田道灌死去這天就已開始。學習院大學教授家永遵嗣教授認為小鹿範滿後來之所以失敗，在於失去道灌這一強有力的後盾。

太田道灌死去的消息傳到畿內，新九郎長氏應有如釋重負之感，據《北條記》（又名《小田原記》）、《相州兵亂記》（又名《關東兵亂記》）、《名將言行錄》等書記載，新九郎長氏聚集荒木兵庫、多目權平（兵衛）、山中才四郎、荒川又次郎、大道寺太郎（重時）、在竹兵衛六人喝下伊勢神宮的神水立誓：「我們七人不管如何都彼此友好，互相幫助建立功業。如果我們當中有一人成為大名，其餘六人必須做家臣輔佐他。」說完便前往駿河龍王丸所在的小川城。

這一猶如《三國演義》結盟立誓的場景在上述三書記載年代各不相同，筆者認為最有可能的時間一四八七年，上述三書卻無一記載。另外這六人是在何地與新九郎長氏結識的？筆者認為伊勢或京都比較說得通，故事則杜撰或美化的成分居多。

新九郎長氏擔任申次眾期間，於一四八五年在京都與擔任奉公眾小笠原備前守政清（信濃小笠原氏分支）之女「南陽院殿」成親，兩年後長子伊豆千代丸出生，即北條家二代目北條氏綱。伊豆千代丸有可能是事後才取的名字，因為此時的新九郎長氏正在往駿河途中，前途未卜。

伊豆千代丸出生前後，三十二歲的新九郎長氏被任命為奉公眾，是室町將軍的直屬武力。室町將軍的奉公眾分為五番，每番約百人，連同奉公眾底下的兵力在內不過一萬人左右，難怪大部分足利將軍都過得很辛苦，九代義尚之後的足利將軍甚至連這樣的基本兵力也沒有！

從申次眾擢升為奉公眾，可看出義尚對新九郎長氏有更進一步的倚重。奉公眾未得將軍許可不得任意離開京都，違者將沒收領地，可是新九郎長氏不到半年就毅然決然東下駿河，此舉等於拋棄包含奉公眾在內的個人名位。

一四八七年十月左右，新九郎長氏帶著嬌妻南陽院殿和襁褓中的伊豆千代丸以及前述六位同志來到北川殿和龍王丸駐足的小川城。十一月九日與六位同志再加上少數敢死之士，從駿河國益頭郡石脇城（靜岡縣燒津市）突襲今川館，慌亂之中小鹿範滿與其弟孫五郎範慶遭到殺害，小鹿一族滅亡。

與其母北川殿重返今川館後，龍王丸隨即元服，改名今川氏親，正式成為第七代今川氏家督。氏親賜給居功厥偉的舅父新九郎長氏富士郡下方莊十二鄉（靜岡縣沼津市），駿河國只有七郡，氏親等於將領地七分之一賜給新九郎長氏，不過區區姻親的非譜代家臣卻能得到如此禮遇，不能說不優厚。到延德年間（一四八九～九二）再加賜駿河守護代、興國寺城（靜岡縣沼津市），這是新九郎長氏首次成為一城之主，也是後來後北條氏五代雄霸關東的根據地。《甲陽軍鑑》記載在今川義忠戰死前，新九郎長氏曾得到義忠賜予石脇城，並不正確。

這年九月十二日，足利義尚應朝廷要求，率領畿內大名和奉公眾約兩萬兵力討伐侵吞公家和寺社莊園的近江守護六角高賴（稱為「六角征伐」或「長享・延德之亂」），如果不東下駿河，身為奉公眾的新九郎長氏理應前往征討近江。這次征討時間長達一年半，很有可能與建立霸業失之交臂。

興國寺城位於駿河國最東邊，西邊和西南邊為駿河灣，北邊和東北邊分別為愛鷹山（靜岡縣裾野市）和箱根山（神奈川縣足柄下郡箱根町），兩山標高都超過一千公尺，兩山之間有條黃瀨川，一一八〇年於伊豆舉兵的源賴朝在這裡與千里迢迢從奧州趕來的九郎判官源義經兄弟相會，今日成為ＪＲ御殿場線的行經路線。東邊和東南邊則是伊豆國境，分屬今日靜岡縣三島市和伊豆之國市，堀越公方所在地堀越和日後新九郎長氏的居城韮山城都在伊豆之國市，此時新九郎長氏所處之地離他日後雄飛之地只有一步之遙！

❖鎌倉公方坐鎮關東

對新九郎長氏意義非凡的堀越公方是什麼來

頭？讓我們回頭從室町幕府開創者足利尊氏談起。

足利尊氏原本屬意將新幕府設置在鎌倉，和源賴朝一樣坐鎮鎌倉與京都保持距離，一旦京都有事動員關東武士便能立即西上。無奈因南北朝分裂，不得不放棄初衷，長駐京都以保護脆弱不堪的北朝朝廷。然而不能有效控制鞭長莫及的關東武士將危及尊氏的政權，所以尊氏先後派兩子義詮和基氏前往鎌倉坐鎮以便掌控關東各地勢力，甚至遙控奧羽大名的狀況。

二代將軍足利義詮的同母弟基氏幼名光王（一作龜若丸），一三五二年二月廿六日十三歲元服後正式改名，以鎌倉五山之一的淨妙寺（神奈川縣鎌倉市）做為鎌倉公方宅邸，於是鎌倉將軍府（簡稱鎌倉府）成立。鎌倉府的主人最初稱為關東管領，後來改

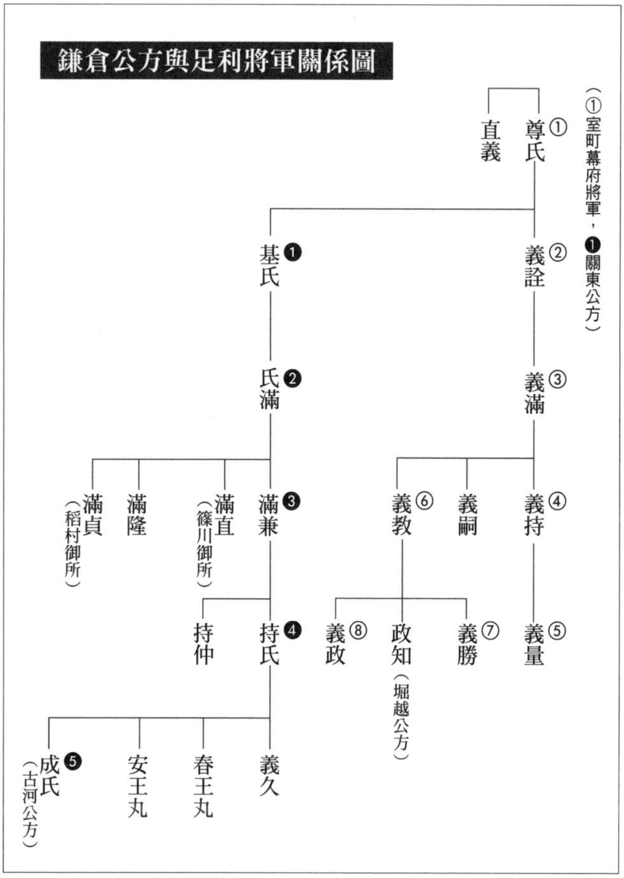

鎌倉公方與足利將軍關係圖

稱鎌倉公方或鎌倉殿，由基氏的子孫繼任；輔佐公方的最初稱為關東執事，後來改稱關東管領，初代關東管領由相當於足利尊氏、直義表弟的上杉憲顯擔任，他同時兼任上野、越後、伊豆三國守護，由他的嫡系子孫繼任關東管領，此即山內上杉氏。

筆者在前作提到上杉家分為山內、扇谷、犬懸、宅間四家（實際上不只這四家），當中犬懸、宅間都是上杉憲顯兄弟的後嗣，數傳之後即在歷史舞台上消失。至於扇谷上杉家則是憲顯之父憲房的兄弟重顯之後，扇谷上杉家雖因為血緣關係從未出過關東管領，卻能在混亂的室町時代生存下來，讓伊勢新九郎長氏吃足苦頭。

鎌倉公方管轄範圍包括常陸、武藏、上野、下野、上總、下總、安房、相模（關八州）和甲斐、伊豆共十國，若信濃守護上洛，基氏在位期間還可代管信濃。一三九二年南北一統之後到一四〇〇年間，三代將軍足利義滿廢掉奧州管領，將陸奧、出羽二國併入鎌倉公方的管轄地，儘管實際上只是陸奧南部（今日福島縣的一部分），二代足利氏滿晚年在名義上領有歷代鎌倉公方最廣的領地，與室町時代所謂「東國」相符合。

一三九八年十一月四日足利氏滿病逝，享年四十，任期三十一年是歷任鎌倉公方之最，氏滿長子滿兼繼位，是為第三代鎌倉公方。不同於父祖沖齡即位，滿兼廿一歲繼承鎌倉公方時已有獨立思考能力，繼位後將二弟滿直、四弟滿貞分別派往轄地最北端陸奧南部安積郡篠川（福島縣郡山市）和陸奧岩瀨郡稻村（福島縣須賀川市），前者稱為「篠川公方」，居所為「篠川御所」，後者稱為「稻村公方」，居所為「稻村御所」。他本人更於一三九九年七月巡視義滿授予他父親的陸奧、出羽，直到同年十一月才返回鎌倉。一回到鎌倉便發生「應永之亂」。

一四〇九年五月足利滿兼病倒，藥石罔效。同年七月廿二日滿兼病逝，享年三十二歲。同年九月，長子十二歲的幸王丸繼位，成為第四代鎌倉公方，一四一〇年十二月元服，四代將軍足利義持賜予偏諱「持」字，改名足利持氏，同時被任命從四位下左馬頭。

持氏繼位後立即迎來一重大考驗，輔佐的叔父——滿兼的三弟滿隆——懷有異心，據說企圖謀反。此事雖以談判然和平落幕，但其實暗藏利益交易，代表持氏談判的上杉禪秀之後竟聯合足利滿隆、持氏之弟乙若丸，逐漸架空足利持氏成為鎌倉真正的主人。

一四一六年十月二日晚上杉禪秀掀起反旗，欲擁戴足利滿隆為新鎌倉公方，十月廿九日，持氏的烏帽子親四代將軍義持命駿河守護今川範政（今川義忠的祖父）以及越後守護上杉房方（山內上杉家的分支）協助持氏平亂。原本響應滿隆的豪族、國人眾一聽到將軍派出軍隊到來，紛紛陣前倒戈，眾叛親離的滿隆、持仲、禪秀等人只得退回鶴岡八幡宮。翌年一月十日，上述三人和禪秀長子憲方在該地自盡，這場被後世稱為「上杉禪秀之亂」於是平定。

四代將軍足利義持畫像

四代將軍足利義持實際上亦有收穫。義持於一三九四年成為將軍，在父親義滿過世前始終過著兢兢業業的日子，當了十四年傀儡將軍，在義滿死後終於一償宿願得以親政，一四二三年三月十八日，義持仿照乃父前例讓位給嫡子義量，孰料在位短暫兩年便於一四二五年二月廿七日病逝，年僅十九歲。

義量並未有正室自然也沒有繼承人，而義持又只有義量這個兒子活到成年。「國不可一日無君」，已隱居的四十歲「大御所」義持只得披掛上場。時序進入一四二八年春，四十三歲的義持倒下，一月十八日回天乏術，想再生一子成為繼任將軍的希望終究落空。足利義持從發病到撒手人寰不過十餘天時間，他的死去為京都和關東帶來難以彌補的對立，進而造成關東動盪，甚至影響到半個多世紀後的伊勢新九郎長氏。

❖抽籤決定的六代將軍

義持恐怕沒想到自己會一病不起，這可從他自始至終都未立下繼承人看出端倪。既然縱向已無繼承人，於是從橫向也就是義持的兄弟（包括同母和異母）中尋找繼承人，找到符合資格的計有四人。恐怕沒有人想到的是，決定誰繼位的方式，竟是由四人在京都西南方（裡鬼門）祭祀源氏氏神的石清水八幡宮（京都府八幡市）抽籤。

結果中選的是自幼出家的義圓。一四二九年三月十二日，還俗的義圓改名義宣，十五日改任參議並兼任左近衛中將，同日征夷大將軍宣下並改名義教，室町時代最獨裁的「惡御所」六代將軍足利義教自此誕生！

原本向幕府提出想當義持猶子（義子）卻遭拒的持氏，對自己被排除在將軍繼承資格外原已深感不滿，當他得知六代將軍的產生竟是抽籤決定，氣憤到幾乎出兵上洛以武力搶奪的地步。同年九月五日，朝廷更改年號，使用兩年的「正長」改為「永享」。消息傳到鎌倉時，持氏拒絕使用新年號，繼續沿用舊年號。

一四三八年六月，足利持氏於鎌倉八幡宮為嫡長子賢王丸進行元服，私自命名為義久，並仿效足利氏遠祖源義家的別名，通稱「八幡太郎」。此舉已犯兩大忌：不管是鎌倉公方或是其他守護大名，嫡子元服都要事先向幕府通報，然後將軍賜予名字中的一字做為家族世代固定沿用字，稱為「通字」。以足利將軍家為例，除初代尊氏外，二代到十五代名字中都有義字，因此足利將軍家的通字為「義」，旁系鎌倉公方家男子元服時應避免使用「義」字以免僭越。

「惡御所」六代將軍足利義教畫像

義教對持氏屢次僭越冒犯已感不耐，不再給持氏任何辯解機會，下令動員關東以西、畿內以東的守護大名，他要派軍消滅鎌倉公方。八月十五日，持氏先命心腹一色宮內大輔直兼率軍北上做為進攻上野的先鋒，在鶴岡八幡宮祈求戰勝的持氏，也於次日率領主力北上。

不需義教親征，各路討伐軍均取得勝利，持氏的前頭部隊紛紛陣前倒戈，連帶影響持氏軍士氣。留守鎌倉的三浦時高也宣布投靠幕府佔領鎌倉，持氏敗走，最後在蟄居的永安寺於熊

「結城戰場物語繪卷」中足利持氏自盡（部分）

熊大火中自盡，「永享之亂」平定。

永享之亂平定，象徵京都和鎌倉間的鬥爭最後由將軍勝出，代表足利義教成功的確立將軍專制體制。之後凡違逆義教必遭討伐，遭義教討伐的守護大名有土岐氏、一色氏、大內氏，都因戰敗導致部分領地被收回，大大增加幕府權威和將軍個人聲望。

一四四一年六月廿四日，赤松滿祐・教康父子以慶祝結城合戰獲勝為由宴請將軍到自宅觀賞能樂，在酒酣耳熱之際刺殺義教。九歲繼位的嫡子千也茶丸，即七代將軍義勝，在位不到一年便因墜馬意外（亦有病死、暗殺的說法）夭折，民間盛傳是義教殺害足利持氏的報應。

一四四九年四月廿九日，義教的五子十四歲的三春成為第第八代將軍。同年六、七月間，先前被處死的春王丸、安王丸同母弟萬壽王丸（據百瀨今朝雄的考證）得到准許繼承父親足利持氏之位成為第五代鎌倉公方，元服後拜領義成偏諱，改名足利成氏，並於八月廿七日官拜從五位下左馬頭。同年，與鎌倉公方同樣空缺多時的關東管領也確定由上杉憲實長子憲忠就任。

在鎌倉公方和關東管領空缺期間，關東處於無主狀態，山內上杉氏的家宰（一門眾家臣之首，筆頭重臣之意）長尾景仲和扇谷上杉氏的家宰太田資清（法號「道真」，道灌之父）趁機壯大勢力，逐漸掌控實權。一四五〇年四月廿日，對鎌倉公方已失去敬畏之心的長尾、太田二人發兵夜襲鎌倉府。成氏不得已逃往西南方江之島（神奈川縣藤澤市），次日立刻率兵與欲趁勝追擊的長尾景仲於由比濱（位在鎌倉南部的相模灣）交戰，史稱「江之島之戰」。

有北關東豪族小山持政、宇都宮等綱、千葉胤將、小田持家助拳，成氏擊敗長尾氏，兩上杉家以及長尾景仲、太田資清退出鎌倉。在前關東管領出面調停與幕府強行介入下，雙方和解重回鎌倉府，關東此後大致維持了五年的和平。

❖享德之亂大亂三十年

關係依舊惡化的雙方，終於在一四五四年爆發戰爭。這年十二月廿七日，足利成氏以要事諮商為由在鎌倉西御門公方御所殺害關東管領上杉憲忠。關東管領遭鎌倉公方以暗殺手段殺害，此事非同小可，兩上杉家以及長尾家、太田家從各地率軍直指鎌倉討伐成氏，展開之後關東近三十年的大亂，後世學者稱為「享德之亂」。

消息很快傳到幕府，管領細川勝元決定派軍進入關東討伐足利成氏。同時幕府任命上杉憲忠之弟房顯繼任關東管領，率領越後軍一路整編敗逃的殘軍。成氏也不示弱，主動出擊，雙方在下野只木山（栃木縣佐野市、足利市）兩側形成對峙。兩軍對峙期間，駿河守護今川上總介範忠於四月初從京都出發，進入關東後與上杉家援軍會合，據《鎌倉大草紙》記載於六月十六日佔領鎌倉。

如此一來，足利成氏無法返回鎌倉，只得定居下總古河城，鎌倉公方統治關東的歷史到此結束，此後鎌倉公方變成古河公方，首任古河公方即足利成氏。至於新的鎌倉公方人選，管領細川勝元選定比義政大一歲的異母兄天龍寺香嚴院主清久，得義政賜予偏諱改名政知。

一四五八年，足利政知和澀川義鏡連袂東下，原本幕府還動員奧羽、信濃、甲斐、東海道守護大名，配合政知來到關東後一舉消滅古河公方足利成氏。然而來到鎌倉公方的轄地伊豆時，上述幾路守護大名未見蹤影，不僅如此，政知到伊豆堀越後就無法再往東前進。

自永享之亂以來，乘關東混亂之機坐大的某些勢力不希望新鎌倉公方到來後破壞這種「各自為政」的局面，因而想盡各種辦法不讓足利政知進入鎌倉；此外，幕府也擔心政知會成為另一個成氏，因此也樂見關東的混亂。

於是，理應成為第六代鎌倉公方的足利政知最終止於伊豆堀越，終其一生未曾進入鎌倉。一四五八年鎌倉公方分裂為據有下總古河的古河公方足利成氏和據有伊豆堀越的堀越公方足利政知。古河公方始於成氏，歷政氏、高基、晴氏、義氏五代約百二十餘年統治；堀越公方只傳二代，政知死後在其長子茶茶丸這代便遭到消滅，消滅堀越公方的，正是伊勢新九郎長氏。

一四八三年，足利成氏與幕府達成和議，幕府撤銷成氏「朝敵」之名，恢復他統治關東的權限，惟統治範圍扣除伊豆——將這國給予堀越公方。成氏必須停止一切反幕府行動，另外也要停止繼續使用「享德」年號。以上被稱為「都鄙合體」的議和達成，長達將近三十年的享德之亂終於落幕，但長時間的內亂使得每個關東氏族元氣大傷，都鄙合體的議和，讓原本就沒有實力的堀越公方從此侷限伊豆一地，為人在興國寺城覬覦咫尺之遙的伊豆的伊勢新九郎長氏製造入侵機會。

❖堀越公方父子同命

就在新九郎長氏帶著正室南陽院殿和長子伊豆千代丸以及六位家臣東下駿河，以非常手段結束不願歸還家督的小鹿範滿一族之前，堀越公方將側室圓滿院生的長子送往京都天龍寺香嚴院出家，此地是足利政知前往關東之前的出家地點，政知沒料到出家後法名「清晃」的兒子也和他一樣走上出家後又還俗的命運；不僅如此，還俗後的「位置」更在父親之上！雖然這對父子身居高位，卻都是別人手中的棋子。

一四九一年四月三日，足利政知以五十七歲之齡病逝伊豆。政知既已逝去，理應由嫡長子茶茶丸（生母不明）繼任，名字既為茶茶丸可看出尚未元服（亦有一說為已元服，正式名字為政綱）。然而應成為第二代堀越公方的茶茶丸此時被關在土牢中，茶茶丸身陷囹圄的原因歷來有兩種說法，主流說法為茶茶丸素行不良，性格殘忍暴戾，政知在世時便解除繼承權，打入土牢，改由圓滿院生的次子潤童子繼位；另一說為圓滿院為了讓潤童子成為繼承人，日夜在足利政知枕邊咬耳朵，政知因而聽信讒言，廢掉茶茶丸並囚禁於土牢中。

兩種說法都有可信之處。日後新九郎長氏之所以出兵伊豆，是因為茶茶丸毫無緣由殺害首席家老導致失去民心，既然是殺害首席家老後才失去民心，可見茶茶丸繼位之初應有不低的支持度；茶茶丸既然弒母殺弟，怎還會有不低的支持度呢？由此不難想像伊豆臣民是如何厭惡圓滿院，因此筆者認為第二說應該比較接近事實。

七月，茶茶丸殺死土牢的牢頭後脫逃，率兵攻入堀越御所殺死繼母圓滿院以及潤童子，自立為第二代堀越公方。由於欠缺詳實的記載，亦有一說為茶茶丸弒母殺弟的行為在一四九三年，莫衷一是。伊豆半島出事，近鄰新九郎長氏會有怎樣的行動呢？出乎讀者意料，此時新九郎長氏並無入侵伊豆跡象。並非新九郎長氏對伊豆這塊嘴邊肉不動心，而是認為此時並非出兵伊豆的最佳時刻，儘管茶茶丸弒母殺弟，然而新九郎長氏與堀越公方並無瓜葛，貿然出兵只會招致反感。

所以，新九郎長氏在自家領地等待時機到來，說是等待時機到來並非無所事事，新九郎長氏在領地內推行「四公六民」的善政。

什麼是「四公六民」呢？農民將收成分為十等份，其中四份上繳，剩下六份歸己，換言之稅率為四成。這在當時是破天荒的創舉，從來沒有守護大名採用過這麼低的稅率，通常為「六公四民」，甚至是「七公三民」。就連與之同時由本願寺門徒起兵暴動後建立號稱「百姓擁有之國」的加賀，也只做到「五公五民」就已深受民眾擁戴歡呼，因為被他們推翻的守護富樫氏稅率是高到嚇死人的「八公二民」。「四公六民」在當時必然造成轟動，不少農民離開伊豆來到興國寺城下。

新九郎長氏之後，氏綱、氏康、氏政和氏直都繼續沿用「四公六民」稅率，後北條氏能在關東立基百年，主要原因在於得民心，「四公六民」正是後北條氏得民心的事實之一。

❖前進伊豆堀越御所！

時機終於成熟。一四九三年，京都發生「明應的政變」為新九郎長氏製造理由入侵伊豆。新九郎長氏的舊主君九代將軍足利義尚於一四八九年與近江守護六角氏作戰時病逝，義尚並無子嗣，但曾收叔父義視之子義材為猶子，可視為將軍候補人選。然而義尚之母日野富子與管領細川政元另有人選，即在天龍寺香嚴院出家的清晃，由於義視和足利政知均非大御所義政的同母兄弟，因此義材和清晃在血緣上並無孰先孰後的問題，在義政提出應尊重義尚的遺願後，義材才得眾人擁戴成為第十代將軍。

然而義政於一四九〇年仙逝，義材之父義視也於翌年跟進，不滿義材的日野富子與細川政元開始籌畫推翻義材、另立清晃的政變。幕府中義材最大的支持者為前管領畠山政長，為此細川政元挑動政長領地河內國人眾叛亂藉以將他支開，直到確定京都效命義材的軍隊所剩無幾後發動政變。

一四九三年二月十五日，畠山政長率軍離開京都後，政元隨即率軍包圍室町第，將軍義材成為階下囚（同年六月逃出，前往越中）。另一方面，日野富子派人前往天龍寺迎接清晃讓他還俗。四月廿八日，十四歲的清晃官拜從五位下，元服後改名義遐，六月再改名義高，翌年十一月廿四日改任正五位下左馬頭，十二月征夷大將軍宣下，正式成為第十一代將軍足利義澄（以下以「義澄」稱之）。

一般通說應仁之亂導致下剋上，是戰國時代的起點；然而近年來日本學界普遍認為明應的政變管領細川政元透過將軍的廢立，掌控幕府實權，導致足利將軍和室町幕府權力弱化，管領一職由原本斯波武衛家、畠山金吾家與細川京兆家輪流擔任，後來演變為細川京兆家世襲獨佔，幕政大權更從此為細川政元一人獨攬（人稱「半將軍」），讓下剋上的現象普遍風行，做為戰國時代的起點更具說服力。明應的政變說廣為學界普遍採納。

義澄被拱上大位時不過十五歲，還無法看清政治鬥爭，念茲在茲的是報殺母殺弟之仇，細

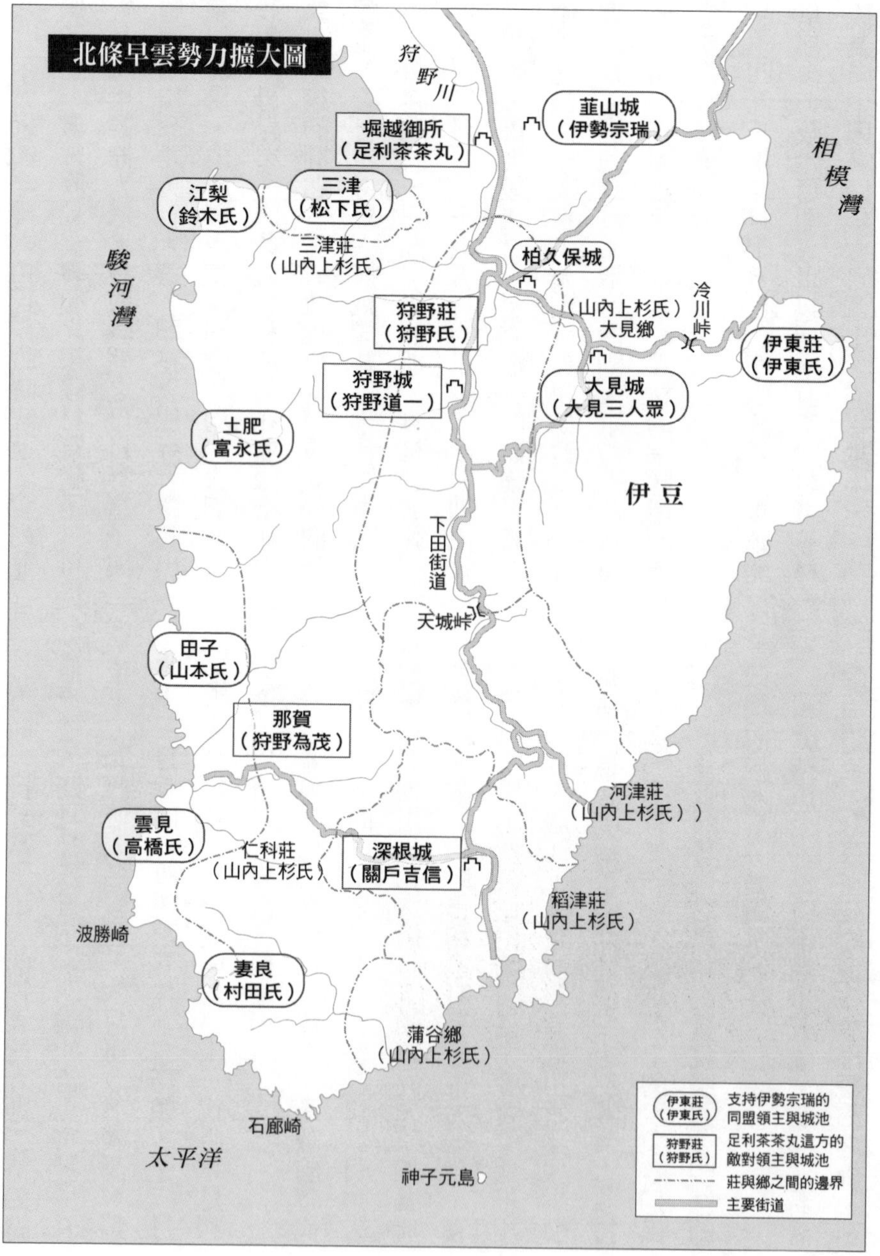
北條早雲勢力擴大圖
狩野川
韮山城
（伊勢宗瑞）
堀越御所
（足利茶茶丸）
相模灣
江梨
（鈴木氏）
三津
（松下氏）
三津莊
（山內上杉氏）
駿河灣
柏久保城
冷川峠
（山內上杉氏）
大見鄉
狩野莊
（狩野氏）
伊東莊
（伊東氏）
狩野城
（狩野道一）
大見城
（大見三人眾）
土肥
（富永氏）
伊豆
下田街道
天城峠
田子
（山本氏）
那賀
（狩野為茂）
河津莊
（山內上杉氏））
雲見
（高橋氏）
仁科莊
（山內上杉氏）
深根城
（關戶吉信）
稻津莊
（山內上杉氏）
波勝崎
妻良
（村田氏）
蒲谷鄉
（山內上杉氏）
石廊崎
太平洋
神子元島
伊東莊（伊東氏） 支持伊勢宗瑞的同盟領主與城池
狩野莊（狩野氏） 足利茶茶丸遣方的敵對領主與城池
莊與鄉之間的邊界
主要街道

川政元拱他上台是為方便控制，並無助他復仇之意，義澄只好要求新九郎長氏進攻伊豆討伐茶茶丸。對新九郎長氏而言，這道命令猶如天降甘霖，縱使西方極樂淨土的迦陵頻伽一齊鳴叫，或是兜率天裡萬籟齊鳴也有所不及。

義澄只下令新九郎長氏討伐茶茶丸，並未要他消滅堀越御所，但此刻新九郎長氏猶如渡過盧比孔（Rubicon）河的凱撒，豈會乖乖聽命只討伐茶茶丸而不消滅堀越御所的命令！義澄為何指定新九郎長氏討伐足利茶茶丸呢？地理上的接近固然是因素之一，新九郎長氏的堂兄京都本家的伊勢貞宗是義澄的大力支持者兼監護人，他應該才是讓新九郎長氏出兵伊豆的最關鍵人物。

❖三十天平定伊豆？

新九郎長氏扣除部分留守兵力外率領二百餘人，另外向外甥今川氏親借三百餘人，合計五百多兵力，分乘十艘船隻從清水浦（靜岡縣靜岡市清水區）出海踏上征途。翻開今日靜岡縣地圖可知，新九郎長氏捨陸路走海路根本是繞遠路，如此捨近求遠是為避開戍守邊境上的兵力。

據《北條五代記》記載，新九郎長氏一行橫

「半將軍」細川政元畫像

渡駿河灣，從伊豆半島西岸的安良里、田子、仁科（靜岡縣賀茂郡西伊豆町）、松崎（靜岡縣賀茂郡松崎町）四個港口上岸。當地居民以為海賊入侵，紛紛攜家帶眷收拾細軟逃往山中避難。上岸後的新九郎長氏立即揮軍北上，襲擊堀越御所並放火燒毀，茶茶丸逃往伊豆韮山，不久自刃於願成就院（靜岡縣伊豆之國市）。

《北條五代記》更進一步記載新九郎長氏攻下堀越御所後，與自己手下、當地國人眾以及民眾約定：

一、進入空無一人的民宅，不得拿走任何民宅之物。

二、即使一文不值之物，只要不是自己的便不可取走或破壞。

三、伊豆國內的國人可回自己住處，但不能任意侵入民眾住所。

北條早雲攻略伊豆圖

除約法三章外，還頒布一連串政策，包含嚴禁手下有不當擾民之行為、凡是加入新九郎長氏的國人眾或豪族均可本領安堵、推行在興國寺城行之有年的「四公六民」稅率、為生病的病患看病、供應伊豆人民飲食等等善政，贏得當地武士和民眾歡天喜地的擁護。在民眾奔相走告下，躲藏在山中的人民也紛紛下山來接受新九郎長氏的統治，僅僅三十天便平定伊豆一國。

《北條五代記》記載有兩點與事實不符：茶茶丸並未在新九郎長氏入侵這年於伊豆山中自殺，而且伊豆一國也不是區區三十天就平定，平定過程長達五年。茶茶丸在堀越御所被攻陷前夕逃出，曾投靠山內上杉、甲斐武田、伊豆國人眾狩野等氏族，到一四九八年八月新九郎長氏攻下伊豆最後反抗據點深根城（靜岡縣下田市），茶茶丸與城主關戶吉信才自盡。

這裡又衍生出一個問題，茶茶丸死時到底幾歲？足利政知三個兒子中只有後來成為將軍的義澄生年確定為一四八〇年。茶茶丸既為前妻所生，生年理當在此之前，姑且假定生於義澄前一年，死時至少也有廿歲。筆者認為他實際年紀應該大於推測，畢竟十二歲做出弒母殺弟的行為太難令人置信。足利茶茶丸這名字易讓人誤以為他是尚未元服的孩童，根據上述分析他死去時無論如何應超過廿歲，之所以帶個稚氣的幼名，應該是到死前都未曾正式元服。

攻下堀越御所之後，新九郎長氏將居城移至北伊豆軍事、交通要衝韮山城，此後到病逝為止新九郎長氏幾乎都在此城，後人一提及後北條氏便聯想到小田原城，這種印象始於二代氏綱。

❖早雲的靈夢

一四九一年是署名「伊勢新九郎」的最後一年，攻下堀越御所的同年，新九郎長氏出家，法號「早雲庵宗瑞」，故筆者從此段起改以「早雲」稱之。

一四九三年十二月廿六日，早雲帶著隨從北上至三島大社對主祭神三島明神參籠。所謂「參籠」為針對神社或佛寺進行一定期間（日期並不固定）的祈願，視為信仰虔誠的表現。

三島大社位於今日靜岡縣三島市，是律令時代伊豆國一宮（國裡面地位最高的神社，除少數幾國外，通常一宮只有一座），根據《延喜式神明帳》屬於「式內社」（記載在《延喜式》內的神社）、「官幣大社」（社格的一種，分為從神祇官接受捐贈幣帛的「官幣社」和從國司接受捐贈幣帛的「國幣社」，再細分大小共四種社格。官幣社多數集中在畿內，國幣社則散布全國各地），地位非常崇高。

不僅一宮，伊豆國府（律令時代國司辦公官廳所在地）、國分寺（聖武天皇時為了讓佛教鎮護國家，下令每一國都要建立寺院，通常位在各國國府附近，全名為「金光明四天王護國之寺」，以奈良東大寺為全國總國分寺）、國分尼寺（正式名稱為「法華滅罪之寺」，以奈良法華寺為全國總國分尼寺）、總社（將一國境內神社祭神聚集起合祀的神社）都在三島市境內，是伊豆半島的政治、宗教中心。當年源

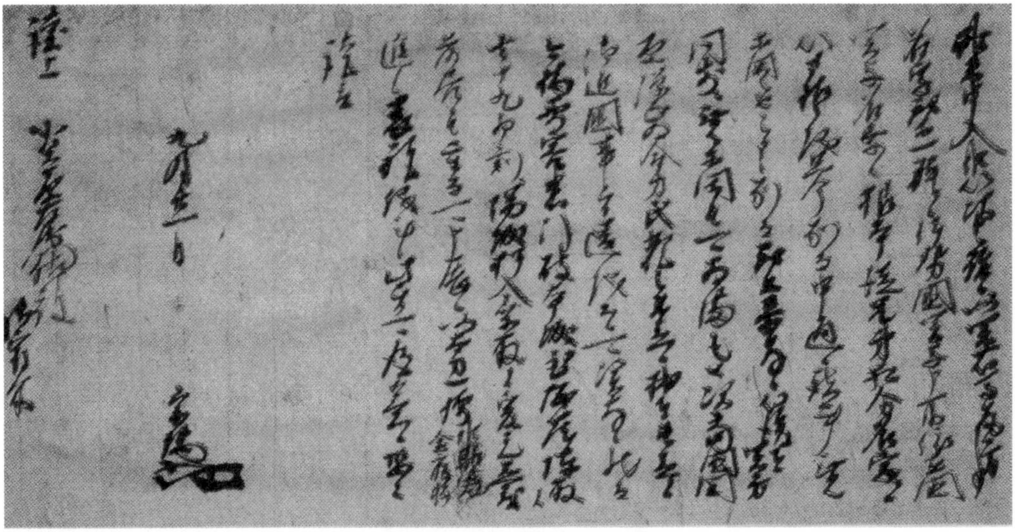

伊勢宗瑞（北條早雲）書狀

賴朝在舉兵之前也曾來此進行為期數日的參籠，強調自己舉兵並非圖一己私利，是為報父仇以及解民於倒懸。

三島大社的主祭神為「大山祇命」（也稱為「大山津見神」，是「伊耶那岐」和「伊耶那美」所生，是天照大神和須佐之男命的兄弟）和「事代主神」（出雲神話「大己貴命」之子），合稱「三島大名神」。大山祇命是三島大社和伊予大三島（愛媛縣今治市大三島）大山祇神社（伊予國一宮，國幣大社）共同的主祭神，是全日本三島神社總本社，早雲來此地參籠，攏絡人心意味相當濃厚。

北條早雲的三島明神參籠為期七日，換言之會在三島大社迎接新年到來。迎來新年的「初夢」（正月初一到初二間做的夢，初夢內容可做為做夢者未來一年運勢的預兆）內容相當有名，《北條記》《相州兵亂記》《日本外史》均有記載，儘管夢境內容有可能事後杜撰：

在一片廣闊原野中並立兩棵杉樹，不知從何處而來的老鼠突然出現在兩樹之間。老鼠慢慢地啃囓杉樹的樹根，對巨大杉樹來說，老鼠的啃囓自然毫髮無傷。但是說也奇怪，老鼠愈啃愈有力，杉樹從原先文風不動慢慢有些傾斜，一陣子後傾斜角度愈來愈大，最後兩棵杉樹終於倒下來，原先的老鼠卻倏地消失化成一隻令人畏懼的老虎。

醒來後的早雲向隨從談到剛剛的夢境，隨從一臉茫然。早雲以自己的方式解夢：「兩棵並立的杉樹指的是山內上杉和扇谷上杉兩家，我是子年出生，所以啃囓兩棵杉樹的老鼠就是我。雖然過程會很辛苦，然而只有我能打倒兩上杉家，一旦打倒兩上杉家，我這隻老鼠就會搖身變成令四鄰都感畏懼的老虎！」

早雲的用意正是要讓隨從將夢境以及解夢內容傳出去，讓家臣產生信心。

❖享德之亂帶來結盟契機

早雲雖攻下堀越御所，領地也不過伊豆一部分再加上駿河興國寺城，根基算不上穩固，何況足利茶茶丸還流亡在外，隨時有可能借兵打回來，早雲在韮山城片刻也坐不安穩。伊豆雖有部分為早雲取得，然伊豆守護為山內上杉家世襲，早雲要完全擁有伊豆，必須排除山內上杉家。此時早雲的實力，若選定山內上杉為對手，勢必要與扇谷上杉結盟，所幸「享德之亂」後兩上杉家因領地利益反目成仇，為早雲帶來結盟的機會。

失去太田道灌的扇谷上杉家大致說來比山內上杉家弱，應該是早雲選擇與扇谷上杉家結盟的原因。

這個結盟馬上為早雲帶來實質的好處，一四九四年早雲受扇谷上杉定正之邀，派出援軍到武藏高見原（埼玉縣大里郡寄居町）迎戰山內上杉顯定，扇谷上杉定正在渡荒川時突然墜馬死去，當時口耳相傳定正看見為他害死的太田道灌顯靈因而受驚墜馬。主帥死去全軍慌亂，早雲當然不願獨自對抗山內上杉家，急忙退兵要趁上杉定正死去的契機蠶食扇谷家。

上杉定正墜馬死去前，相模小田原城主大森氏賴病逝。從韮山城往東北不到廿公里便是箱根關，穿過箱根關後再渡過蘆之湖和箱根山，小田原城就進入眼簾，可說是離韮山城最近的扇谷上杉家領地。當初堀越公方足利政知之所以進不了關東，就是受阻於為扇谷上杉家授意扼守此城的大森氏，因此小田原城成為早雲向相模擴張的首要目標。

早雲以慰問之名送厚禮與大森氏賴之子藤賴博感情，和藤賴在短時間內建立攻守同盟的關係，約定若雙方居城（韮山城和小田原城）遭到第三方攻擊，未受攻擊的要成為受攻擊的援軍。確定無後顧之憂後，早雲和外甥今川氏親一起出兵甲斐，與當地守護武田信繩作戰。

武田信繩是甲斐武田氏第十七代家督，是信虎之父、信玄的祖父。自一四九一年繼任以後面臨該國國人勢力穴山氏、大井氏、栗原氏的挑戰，這三家原本都是武田氏分支，在信玄時期又重新成為武田氏一門眾（栗原氏到信玄時期似乎沒落）。信玄生母即為大井氏，在信繩時期他們是與守護大名針鋒相對的勢力，不服武田信繩繼位的異母弟油川信惠，在穴山氏、栗原氏以及今川氏親的支援下與兄長展開長年對抗。

依照舊說早雲因為武田信繩藏匿足利茶茶丸之故，為斬草除根才與武田氏作戰，這種說法不見得正確，武田家背後有山內上杉氏撐腰，對有志打倒兩上杉家並取而代之的早雲而言足已構成出兵理由。近年研究發現足利義澄、細川政元、今川氏親和早雲是同盟陣營，對抗足利義稙、大內政弘、足利茶茶丸、武田信繩、山內上杉顯定另一同盟陣營。

一四九五年九月（或二月，早雲出兵甲斐和平定小田原城的順序在記載上模糊難辨，黑田基樹認為早雲攻下小田原在這年之後），早雲奪取小田原城。由於早雲在此之前不斷送去貴重禮物，使得初為城主的大森藤賴失去戒心，因此早雲在這年九月提出要帶些許扈從前往箱根山打獵需借道大森領地請求進入，藤賴毫不猶豫點頭答應，這是藤賴被後世評為「暗愚」的由來。

早雲帶為數不多的「勢子」（領主狩獵時在旁驅趕鳥獸的隨從）進入大森領地，但是早雲並不前往箱根山，他讓扮成勢子的士兵藏匿在小田原城門附近。入夜後在早雲的號令下，士兵朝聚集在箱根山上的牛群尾巴點火，灼痛的牛群從箱根山上衝下來。發現不尋常騷動的守城士兵感到奇怪，但是並沒想到躲藏在附近的勢子已趁亂翻牆進入城裡，並悄悄打開城門。

守城士兵和民眾看見成群的牛群衝進城裡都驚魂未定，更想不到在牛群之後還有武裝士兵，已經魂飛魄散的他們，哪裡還能鎮定觀察攻城士兵是多還是少？城主大森藤賴也嚇得奪城而出。

從北條早雲前幾次慣例來看，這次奪取小田原城的兵力應該很有限，與約十年前發生在山陰的尼子經久奪取月山富田城俱為少數兵力從外部成功奪城的案例。在【信長之野望】系列「革新」和「天道」中，北條早雲是三位擁有「火牛計」戰法的武將之一（另兩位是真田昌幸和黑田官兵衛），便是依據《北條記》的記載。

早雲攻下小田原城之後將興國寺城歸還今川家，早雲於是退出駿河，此後北條氏的發跡之地興國寺城只有在武田信玄進攻駿河期間及武田氏滅亡後短暫為北條家擁有，基本上可說永遠脫離北條家的控制。

❖致力於統一伊豆

有了北伊豆和西相模的早雲，繼續致力於伊豆的統一，一四九八年早雲攻下山內上杉家在伊豆最後據點深根城，躲藏多年的足利茶茶丸與城主關戶吉信自盡（另有一說為早雲與武田信繩以引渡足利茶茶丸做為議和條件，然後殺害茶茶丸，目前很難判斷何者為真），面積大約一千五百平方公里的伊豆半島以及半島東方的相模灣和南方海上的伊豆諸島至此全納入早雲的掌控。

一五〇一年三月，早雲用直屬地一處村莊交換小田原城下伊豆山神社，可見最遲在此時小田原城一帶相模國西部已為早雲領有，《北條記》記載內容過程或許有所誇張，結果仍與史實大致相符。

據《柳營秘鑑》記載，一五〇一年九月今川氏親率領駿河、遠江以及早雲的伊豆、相模四國兵力遠征三河松平長親，他是德川家康的高祖父；《德川實紀》記載為一五〇六年八月，兩書成書年代皆為江戶時代，距此時有很長一段時間，很難判斷何者記載為實，筆者暫且依照《柳營秘鑑》。在這次遠征早雲吃下生平首次敗仗，失敗的原因恐怕與企圖心不夠不無相關，早雲的主要敵人終究是兩上杉家。

一五〇四年九月廿七日，山內上杉顯定和二代古河公方足利政氏（在職期間一四九七～一五一二）聯軍與扇谷上杉朝良（定正養子）、今川氏親、早雲聯軍於武藏多摩郡立河原（東京都立川市）進行決戰。儘管早雲才剛在不久前從扇谷上杉家手中搶走小田原城，但是扇谷上杉家此時面臨存亡絕續的危機，顧不上小田原被奪的仇恨，以哀兵之態懇求曾有過節的氏親和早雲伸出援手。眼看扇谷上杉勢微力蹙，氏親和早雲不願見到山內上杉坐大，因此應邀出兵。此役一天就分出勝負，山內上杉家損失兵力超過兩千名。

儘管遭遇如此慘敗，山內上杉顯定仍於翌年重新展開對扇谷上杉家的進攻，顯定之弟為過繼越後上杉家的上杉房能，以越後守護身分成功整合越後勢力，成為乃兄有力的援軍，是一股比古河公方更強大的援軍。強敵來襲，扇谷上杉朝良只得固守河越城以避其鋒，最後仍守不住而開城投降，自一四八七年以來歷經廿年的「長享之亂」（兩上杉家對立）因此結束。如此一來，關東管領上杉顯定一統山內上杉、扇谷上杉、越後上杉三家，不管對今川氏親、早雲或是古河公方都是一大威脅。

所幸三家一統並未持續太久，一五〇六年越後守護代長尾能景與越中一向一揆作戰陣亡，能景之子為景（上杉謙信之父）與上杉房能不和，第二年發兵包圍房能的居館，迫其自盡，改立房能養子定實為越後守護（【信長之野望】系列「嵐世紀」「蒼天錄」「天道」有收錄），於是長尾為景幾乎掌控越後，越後守護反而成為傀儡。

得知消息的早雲立即與長尾為景及前面提及的長尾景春結盟，由他們兩人對付山內上杉家，自己對付行將就木的扇谷上杉家。當時相模大抵以酒匂川（發源於相模西北部丹澤山地，往南注入相模灣）為界，以西屬於早雲，以東為扇谷上杉家家臣三浦氏的領地。

三浦氏與扇谷上杉氏及大森氏互為聯姻關係，加上又是鎌倉時代以來當地名門，在鎌倉一帶有極大威望，早雲覺得貿然從正面進攻甚為不智，於是先策反三浦半島北邊的權現山城（神奈川縣橫濱市神奈川區），想從東、西兩路包抄三浦氏在相模中央據點岡崎城（神奈川縣伊勢原市）。出乎早雲預料，山內上杉家竟出兵馳援，於是兩上杉家共兩萬餘軍隊出兵包圍權現山城，城主上田氏困守九日後被攻下，兩路包抄的計畫破滅。

幾次攻防下來，早雲終於在一五一二年八月攻下岡崎城，三浦氏像是力氣放盡似的鎌倉也跟著失守，最後只剩三浦半島上的三崎城（神奈川縣三浦市，又名新井城）這座孤城。

❖最早的戰國大名

筆者已在前面以不少篇幅談及鎌倉的重要性，對武家而言這一關東聖地竟為一個外來新勢力攻下。八月十三日進入鎌倉的早雲，在他眼前的鶴岡八幡宮固然華麗如昔，但是淨妙寺旁、曾叱吒一時的鎌倉公方宅邸卻是一片荒煙頽圮。原來自一四五五年足利成氏避居下總古河以來，鎌倉公方宅邸猶如王謝堂前般荒廢半世紀之久，哪還有昔時足利滿兼全盛時期的意氣風發？感慨萬千的早雲寫下這麼一首和歌（收錄在《快元僧都記》）：

枯るる樹に　また花の木を植えそへて　もとの都になしてこそみめ

（枯樹栽花又逢春　故都復再臨）

同年十月，北條早雲在今日鎌倉市北邊興築玉繩城，目的是要切斷兩上杉家從武藏南下馳援三崎城，竣工後多次擋下兩上杉家運來的物資，使三崎城消耗的兵力及物力遲遲無法得到補充。一五一六年七月十一日，三崎城終於為早雲攻下，城主三浦義同（法號道寸）、義意父子自盡。助源賴朝起兵建立武家政權，在賴朝死後成為十三人合議制成員之一的三浦義澄，雖然三浦氏嫡系在他孫子那代為鎌倉幕府主政的北條氏消滅，但三浦義澄一個領地在三浦半島的弟弟入主繼承本家，此即三浦義同的祖先，將關東三浦氏的家世延續近三百年，至此時方為北條早雲消滅。

當時正值守護大名制崩潰、戰國大名制尚未

氏綱開始使用的
「虎之印判」

建立的過渡期，北條早雲不依賴幕府授予的守護大名之職務統治領有的相模、伊豆二國，而是通過檢地、制定領國法規（〈早雲寺殿廿一箇條〉），進一步奪取領國內其他勢力的莊園納入自己的控制，並將領地內律令時代的國衙、朝廷或寺院的公領、幕府的守護等機構全部廢除，採取統治權力的一元化，可說是最早的戰國大名。

一五一八年，早雲讓出家督給已年屆三十二歲的嫡長子氏綱，雖然打倒兩上杉家的靈夢尚未完全實現，但是這隻老鼠已經變成令四鄰畏懼的老虎，「虎之印判狀」成為後來北條氏家督使用的印信。

北條早雲有感大限將至，以箱根湯本築早雲寺（神奈川縣足柄下郡箱根町）做為家族的菩提寺，山號為金湯山。翌年八月十五日，早雲病逝韮山城，再過兩年早雲寺才告完工，二代氏綱、三代氏康皆埋骨於此；四代氏政及五代氏直於江戶幕府四代將軍德川家綱治世時，遺骨獲准遷進早雲寺。

後記

《日本戰國梟雄錄》（以下簡稱《梟雄錄》）是我在完成《日本戰國風雲錄》（以下簡稱《風雲錄》）初稿後投入的下一部作品，之所以選擇梟雄做為主題，是我在二〇〇五年初讀完文藝復興時期義大利政治思想家馬基維利（Niccolo di Bernardo dei Machiavelli）的大作《君王論》（*Il Principe*）後得到寫作靈感，選出在《風雲錄》一書未曾提過、或是雖有提過但並不深入且符合梟雄性格的人物做為論述的對象。

最初沒有想到東西之分，選出以往在玩【信長之野望】時會努力蒐集的五名武將做為這本書的主人公：津輕為信、齋藤道三、松永久秀、宇喜多直家、黑田官兵衛。

根據手邊的寫作手札，創作過程大概如下：〇五年上半年首度大幅修改《風雲錄》前完成〈津輕為信篇〉〈齋藤道三篇〉初稿。《風雲錄》第一次修改完成後於同年九月進行〈松永久秀篇〉，兩個月後因資料不足擱置，然後著手〈宇喜多直家篇〉，同樣有資料不足的困擾，〇六年上半年完成。接著《風雲錄》第二次大幅修改，改完後開始〈黑田官兵衛篇〉，到該篇完成時已是〇七年初。

接下來數年我因為工作、求學忙碌之故，《梟雄錄》的進度完全停擺，再次執筆時已是一〇年中以後。這年年初在吳倩怡主編的建議下《梟雄錄》分為東國、西國兩部分，於是由我再加入以下五名武將：毛利元就、尼子經久、真田昌幸、最上義光、北條早雲。

當時我完成西國的部分較多，因此決定先完成《西國篇》，再回頭補足《東國篇》欠缺的部分。一〇年七月先著手擱置已久的〈松永久秀篇〉，荒廢太久寫來格外吃力，到該年十一月左右才告完成，內容最多的〈松永久秀篇〉在出版時拆成松永久秀和三好長慶兩篇。一〇年十二月完成〈毛利元就篇〉，一一年三月完成《西國篇》的最後一篇〈尼子經久篇〉。

《西國篇》最後的過程感覺過於倉促，因此在寫《東國篇》之前就抱定寧可晚點出版也不要趕稿的情況，結果這一拖足足超過兩年。

一二年開始寫作《東國篇》之前，對〈津輕為信篇〉〈齋藤道三篇〉這兩篇陳年初稿愈看愈不滿意，除保留原文約四、五段內容外全部重寫，在重寫的過程中進度極為緩慢，該年年底才完成兩篇的重寫；一三年六月完成〈真田昌幸篇〉，九月完成〈最上義光篇〉，一四年三月完成〈北條早雲篇〉。

寫作《東國篇》將近廿七個月的時間雖備感壓力，另一方面因為得以認識兩岸三地的戰國同好而頗感愉快，印證初唐四傑王勃「海內存知己，天涯若比鄰」的情境，和同好交流的同時也感到自己認知的欠缺渺小和微不足道。

最後，寫作《東國篇》期間承蒙幾位戰國同好、好友提供文字資料、照片，月翔兄、最上義家兄、劉至堅、張紹偉分享日本旅遊的照片和文字資料充實《東國篇》的內容（儘管有些出版時沒用上），同時也感謝幫我寫推薦序的家兄以及高中時期以來的好友昭銘兄，我在此獻上最誠摯的感謝！

「《東國篇》完成了嗎？」「《東國篇》完成了嗎？」「《東國篇》完成了嗎？」……在寫作《東國篇》時常遇到讀者和朋友如此叮嚀，半夜入睡有時會因此而嚇醒，完成《東國篇》後終於可以擺脫這種「關懷的督促」。

洪維揚

二〇一四年暑假　於彰化自宅

參考書目

日文

《大名の日本地図》中嶋繁雄，文芸春秋
《角川日本史辞典（第二版）》高柳光寿、竹内理三編，角川書店
《日本系譜綜覧》日置昌一編，講談社
《戦国時代用語辞典》外川淳編，学習研究社
《知ってろようで意外と知らない　日本史人物事典》児玉幸多監修，講談社
《太平記の群像──軍記物語の虚構と真実》森茂暁，角川書店
《太平記》武田友宏編，角川学芸出版
《有職故実（上下冊）》石村貞吉，講談社
《室町幕府論》早島大祐，講談社
《河内源氏──頼朝を生んだ武士本流》元木泰雄，中央公論新社
《戦争の日本史5東北の争乱と奥州合戦──「日本国の成立」》関幸彦，吉川弘文館
《戦争の日本史8南北朝の動乱》森茂暁，吉川弘文館
《戦争の日本史9応仁・文明の乱》石田晴男，吉川弘文館
《戦争の日本史10東国の戦国合戦》市村高男，吉川弘文館
《戦国大名　別冊太陽》日本のこころ171，平凡社
《日本の歴史9南北朝の動乱》佐藤進一，中央公論新社
《日本の歴史11戦国大名》杉山博，中央公論新社
《関東公方足利氏四代　基氏・氏満・満兼・持氏》田辺久子，吉川弘文館
《国盗り物語（一＆二冊）斎藤道三　前篇》司馬遼太郎，新潮社
《箱根の坂（上中下冊）》司馬遼太郎，講談社
《街道をゆく9信州佐久平みち、潟のみちほか》司馬遼太郎，朝日新聞出版

《街道をゆく10羽州街道、佐渡のみち》司馬遼太郎，朝日新聞出版
《日本名城伝》海音寺潮五郎，文芸春秋
《武将列伝　戦国揺籃篇》海音寺潮五郎，文芸春秋
《武将列伝　戦国終末篇》海音寺潮五郎，文芸春秋
《覇者の条件》海音寺潮五郎，文芸春秋
《古城の風景Ⅰ菅沼の城　奥平の城　松平の城》宮城谷昌光，新潮社
《古城の風景Ⅲ北条の城　北条水軍の城》宮城谷昌光，新潮社
《日本超古代王朝の謎》鈴木旭，日本文芸社
《最上記》片桐繁雄訳編，最上義光歴史館
《北天の巨星　最上義光》片桐繁雄，最上義光歴史館
《最上義光》永岡慶之助，学陽書房

—中文—

《日本中世史》鄭樑生著，三民書局
《津輕風雲錄》長部日出雄著，張玲玲譯，遠流出版公司
《關原之戰（上中下冊）》司馬遼太郎著，劉立善譯，遠流出版公司

國家圖書館出版品預行編目（CIP）資料

日本戰國梟雄傳. 東國篇 / 洪維揚著. -- 初版. --
臺北市 : 遠流, 2014.11
面； 公分--（日本館. 潮；63）
ISBN 978-957-32-7510-7（平裝）

1.戰國時代 2.軍人 3.日本史

731.254 103020017

日本館・潮 J0263

日本戰國梟雄錄・東國篇

作　者——洪維揚
副總編輯——林淑慎
主　編——曾慧雪
特約編輯——陳錦輝
美術編輯・地圖繪製——陳春惠
武將人物繪製——諏訪原寛幸
行銷企劃——葉玫玉・叢昌瑜

發行人——王榮文
出版發行——遠流出版事業股份有限公司
100台北市南昌路二段81號6樓
電話——(02) 2392-6899
傳真——(02) 2392-6658
郵政劃撥—— 0189456-1
著作權顧問——蕭雄淋律師
法律顧問——董安丹律師
2014年11月1日——初版一刷
行政院新聞局局版台業字第1295 號
售價新台幣——360元

ISBN 978-957-32-7510-7
遠流博識網
http://www.ylib.com
E-mail:ylib@ylib.com